あなたは永遠に生きる

天国浄土に生まれる方法

森田邦三
kunizo morita

光明思想社

序にかえて

昭和二十年七月二十四日、私が乗っていた船は朝鮮海峡を通っていた時、米軍機マーチンと交戦し、私は機銃弾が左肩から心臓の背後を通り肋骨と肋骨の間を貫いて抜けていく重傷を負った。私が二十歳の時である。

この時から私は多くの人の力で生きてこられたと思っている。誰かが船のカーテンをジャックナイフで切り取り、私の肩を止血してくれたこと、爆弾で船が傾き歩けなくなった時、私を抱いて筏《いかだ》にのせてくれた人、筏の上で「ねむったらだめです」と私をたたき股《また》をつねり、眠らせぬようにしてくれた人のご恩、涙の出る思いである。

実に好運なことに、たまたま海軍の監視船が遠くに見えた。この時、筏の上にいた後藤という船員が、手をふってもわからぬので上着を脱いで筏《いかだ》の上に立ち上がり、助けを求める合図をした。おそらく五分間ぐらいだと思うが、この五分間の長かったことは今でもはっきりと覚えている。やがて監視船は私たちを発見したのか、私たちを目がけて近づいて来た。汽笛をならして近づいて来た時、私たち三人は抱きあって泣いた。私は左肩を貫かれ動けないので、一人の海軍の水兵さんがザブンと海にとびこみ、私の体をロープでしばりあげて、筏を船に横づけにし、私を吊りあげて船内に運んで下さった。夏だったので上着を鋏《はさみ》で切りさき、濡れた上着を外しボイラーの近くで私をあたためて下さった。私は「ありがとうございます」を連発した。

親切な下士官が私の口にウィスキーをたらしてくれた。「おれは助かるかもしれない」とその時、強烈に思った。釜山《ふざん》の陸軍病院まで担架で運んで下さった人のご恩、釜山の陸軍病院から管轄がちがうので鎮海《ちんかい》の海軍病院へ移送して下さった人のご恩、十日後の八月四日に左肩より切断するまで、昼夜をとわず看病して下さった衛生兵さんたち、看護婦さんたちのご恩、空襲警報があるたびに重傷者たちをトンネル（壕）の中へ運搬して下さった人のご恩、鎮海海軍病院から鎮海港まで担架で運んで下さった人たちのご恩、帰還船の中でのお世話、食事のことや排泄物のお世話、今も胸がつまるくらい有難いことであった。

別府港についても、今日のように車があるわけでなし、重傷者は別府港から亀川まで担架で運んでもらった。おそらく八キロぐらいだったであろう。夜中に運んでもらったので休み休み運んで下さった人たちのご苦労に、今も涙の出る思いである。

「汝《なんじ》、森田邦三よ、このご恩に感謝せよ、このご恩を返せ」と内からもり上がる声が聞こえる。その他、多くの人から受けたご恩を思うと、自分の現状の生活態度のいたらなさを痛感する。

如来さまが、「お前が九死に一生を得たのは、このご恩を返し、一人でも多くの人を弥陀《みだ》の浄土へ送るよう努力させるために生かしてやったのだぞ」と言われているような気がするのである。

テレビの放映を見ると、平成四十二年(二〇三〇年)になると、全国で二人に一人は癌で死亡すると言う。現在、癌で死を迎える人にはホスピスによって苦痛を和げ、安らかに死を迎えるように世話を焼く人がいるそうだが、ある宗教家の著書によると、「おれは死ぬのがこわい、助けてくれ、たのむ、死ぬのがこわくてたまらぬ、助けてくれよ」とわめくように懇願する人もいるそうである。

私も黒部市民病院へ教え子（中三女子）の見舞にいった時、M美が「先生、死ぬのがこわい、助けて。先生、死ぬのはいやよ。助けてほしい」と泣いてお願いされたことがある。彼女の親は念仏信仰者である。医師たちの「手術をすれば助かる」という強い説得を拒否し、脚の壊疽《えそ》を治療していたが、両脚が腐っているのが私にもよくわかった。

当時、生長の家に入っていた私は、何とかしてやりたいと思ったが、相手の信仰がまちがっているとは言えず、万一手術をしても助かる確率は不明だったこともあり、病室で死の床にある若い女の子に霊界の実在を説明し、人間の生命は永遠で人は死なないのだと説明すれば、病人に死の宣言をしたことになるし、私は何も言えずじっと耐えていた。あの苦しみは今も忘れない。

M美はその二日後、息をひきとった。職員室ではもっぱら、「M美の両親の信仰の恐ろしさと科学への無知」が話題になった。

私は富山県内の舟見《ふなみ》中学校の教頭をしている時、咽頭癌の宣告を受け、死の恐怖に苦しんだ。私の場合は生長の家を信仰していながら死ぬという恥ずかしさや死後の家族の心配が主で、死後の世界の心配をしたことはなかったように思う。

しかし、アンケート統計によれば、死後の霊界を信ずる人は一五パーセントぐらいで、あるかもしれぬという人の四五パーセントを加えても六〇パーセントぐらいの人しか霊界を信じていない。残り四〇パーセントの人は癌になったら、さぞかし死の恐怖を感じることだと思う。

以前、医師である鎌《かま》田實《たみのる》氏の『大・大往生』という本を買って読んだ。人間愛にあふれた鎌田氏の生き方、指導法には十分肯定できるし、それでよいと思う点もある。が、どちらかと言えば、よい死に方・幸せな終え方としてこの世を去る時の死に方なので、果たして一般人は、このような医師に看取《みと》られて死ねる人はこの世に何人いるか、そして本当にこのように死ねるかと疑問をもった。

終戦後、私が教師になった頃、死刑(銃殺)を前に高䡄《たかいびき》する大石大佐の話をきいたことがある。これは、東京裁判でA級戦犯として絞首刑になった東条英樹元首相他六名の方々の教誨師《きょうかいし》となった東大教授花山信勝《はなやましんしょう》氏の説教法話の中で聴聞《ちょうもん》した話である。

当時、捕虜の虐待などの責任をとって、B級戦犯として大石某という陸軍大佐が東京郊外で連合軍兵士の手で銃殺されるのだが、朝の三時に起こされて巣鴨刑務所からバスに乗せられて行くのである。もちろん手錠をかけられたままである。熟睡中をたたきおこされた大石大佐は、もちろんこれは銃殺のためだということはわかっている。「判決を受けたあとは刑の執行ぐらいしかない」ということは十分わかっている。

大佐はバスの中で、日本人立会人に「すまぬが眠いので寝かせてくれ。ただし宮城(皇居)を通過する時はおこしてくれぬか」と頼んで眠った。なんと高鼾《たかいびき》である。立会人が皇居前でゆり起すと、大佐は手錠をかけられたまま最敬礼を二度くり返し、再び大きな鼾《いびき》をたてて眠った。これには同乗した警備のMP(アメリカ憲兵)も、「日本人は偉い、サムライ、サムライ」と言って手をあわせたという話を花山信勝氏が語られた。

花山氏は『平和の発見』という本にもこの事を書かれたのだが、マスコミは、戦争を引き起こした日本人の死生観を書いたこの本は、『戦争の発見』とすべきだと攻撃した。

なんたるバカであるか。

東条英樹元首相の辞世の句に、

さらばなり有為《うい》の奥山今日越えて弥陀《みだ》のみもとに往くぞうれしき

という和歌があった。花山氏は、東条さんが「弥陀の浄土へ行くのは嬉しい」と花山氏の手を何度もにぎり返し、にこにこ笑って刑場へ行かれた、と死の三分前の東条元首相の面ざしを如実《にょじつ》に語られたのである。

私は、この講話を拝聴したときほど感動的で印象深い話を聞いたことがない。

今回、私は光明思想社から依頼されて、何を書こうかと迷って仏前に祈った時、「死を恐れぬ本を書け、成仏《じょうぶつ》する本を書くのがよい」というインスピレーションを戴《いただ》いたのである。

死後輝く人生に導ける人は、偉大な釈尊かキリストか私の尊敬してやまない谷口雅春先生か大宗教的天才か、教祖・聖人と言われる人か、それぐらいの大力量《だいりきりょう》の持ち主であることは当然だ。また私のような霊能力者でもない人間が、「わかったようなこと」

を書いて、万一間違って人を導いたら、地獄に落ちると霊界の本に書いてある。だからずいぶん長期間悩んだが、私なりに自分の体験を通して、霊界と霊界へ昇天された人のことを書き、人間は死後も生きていることを多くの人たちに伝えたいと思った。そのことが即ち大聖師谷口雅春先生の人類光明化のご悲願をお助けするためでもあると思った。私の体験をそえて、谷口雅春先生のお導きをそのままお伝えできればこれに勝る喜びはない。

平成二十六年十一月一日

森田邦三

あなたは永遠に生きる——天国浄土に生まれる方法——

目次

第1部　人間死んでも死なぬ——天国と地獄

手術中に「明るい光の海」にいた話

昭和五十八年五月、私は富山県の最西部の彫刻で有名な井波町《いなみまち》（現在の南砺《なんと》市）商工会に招かれて講話を依頼された。町長、商工会頭、会社役員、町議、町の有力有志一同、優良会社社員、優良団体、婦人会、老人会役員一同の前での講話であった。井波町は有名な浄土真宗・瑞泉寺《ずいせんじ》の門前町でもあるので、私は『正信偈《しょうしんげ》』を取り上げ、親鸞聖人《しんらんしょうにん》に関する話をした。

「『帰入功徳大宝海《きにゅうくどくだいほうかい》（功徳の大宝海に帰入すれば）、必獲入大会衆数《ひつぎゃくにゅうだいえしゅうすう》（必ず大会衆の数に入ることを獲《と》る）』という言葉があります。この意味は、皆さんが念仏を称える功徳、または一日一善、世のため人のため善をなす功徳、そういう善業《ぜんごう》の功徳の大宝海に帰入すると、阿弥陀如来《あみだにょらい》の大変な功徳の宝の海に入り、必ずその大会衆（法会《ほうえ》に集う人々）の人々の一員になる、ということです。『必獲《ひつぎゃく》』とは『必ず獲《と》る』ということです。必ず獲《と》るのだから獲《と》らない人と獲《と》る人があるのではない、弥陀《みだ》の本願《ほんがん》とはそんな不完全なものではないのです」と語った。

　すると四十歳代くらいの人がすっくと立って、「先生、私に一つ体験を話させて下さい」と言われるので、「どうぞ、どうぞ、かまいません。皆さん、このお方の話をきいてあげて下さい。さあ、そこではよく聞けませんから前へ出て話して下さい」と私は講演席をゆずった。その方は次のように語った。

「森田邦三先生の話の最中にしゃしゃり出て申し訳ありません。私は胃の病気で高岡の病院で大手術をしました。もちろん全身麻酔で意識がありません、手術中に私は真暗な闇から、明るい、明るい光の海へ出ました。そこは、それはそれはもう何とも言えぬ美しい花畑で絵にもかけない、極楽浄土とはこんなところかと思うくらい、目も眩《くら》む美しいところでした。やがて私は近くに童話に出てくるメルヘンの世界にあるような美しい家々が立ち並んでいるのを見て、ワーッ、なんてすばらしい家々だろうと見とれていました。すると、そこへ天女というか、仏さまというか、いかなる女優も足もとにも及ばぬ美しい、気高い女神のような天女がやさしい声で、『あなたはまだここへ来てはいけません。帰りなさい』と言われるのです。私は『ハイ』と素直に言って帰ろうとした途端、ハッと我《われ》に返りました。そこは手術台の上だったのです、だから、皆さん、死は恐れるものではありません。私はあまりよいことをしている人間ではないのに、あんなにすばらしいところへ行けるのかと思うと、私は阿弥陀如来というお方のお慈悲と本願に包まれているのだなあ、と思っています。先生の講話の時間を割いていただき、有難うございました」と言って退席し、自席へ戻った。こういう体験を臨死体験《りんしたいけん》という。

きれいな川のほとりにいた話

もう一人、私のかつての教え子に中山正富という人物がいた。彼は千葉県で建設会社の役員をしていたが、ある時、私の勤めていた桜井中学校まで遊びに来た。幸い、空いた時間だったので職員室でコーヒーを飲みながら雑談中、「先生はあちこち講演して歩いておられるそうですが、どんな講演ですか?」と聞くので、「私は教育講演よりも仏法講演が多いのですよ」と言うと、「それなら私の体験を皆さんにきかせてあげて下さい」と言って語り出した。

「私は千葉で腹部の手術をしました。四時間もかかる大手術でした。全身麻酔でした。手術中、ふと気がつくと、私はきれいな川のほとりにいるのです。川の岸辺のきれいなこと、一面の花畑です。はるか川の向うにヒマラヤのような荘厳な山々があり、富士山よりもずっと気高く美しいのです。神々様が住んでおられるかと思うほど、宮殿のような家々が中腹にあるように見えます。すべて黄金の屋根です。その家々というか宮殿というか建物の美しいこと、目を見張るばかりです。『美しいなあ』と思ってため息をつきながら見ていたと思うのです。すると、川の上を歩いて来る一人の天女のような方が『あなたはこの川を渡ってきてはいけません。まだここへ来るのは早いです。引き返しなさい』と、やさしく、しかし断乎としておっしゃるのです。私はここに宿りたいと思いましたが、天女の言葉が神さまの言葉のように感じて引き返しました。すると、そこは手術が終わったあとの手術台の上でした。先生、死ぬことは心配いりません。私は今死んでもこわいと思いませんよ。お年寄りたちに聞かせてあげて下さい。仏教が説いていることは本当です。極楽はありますよ。地獄へは行ったことがないからわからないけれど、極楽だけは本当にありますよ」

死を恐怖しながら死んでも大丈夫

死はない。この世は仮《かり》の世、夢の世である。大宗教家であり、生長の家の創始者である谷口雅春先生が、神さまの言葉を霊感で書きとめられた聖経『甘露《かんろ》の法雨《ほうう》』というお経には、

「――かく天使《てんのつかい》語り給《たま》うとき、
虚空《こくう》には微妙《みみょう》の天楽《てんがく》の声聞《きこ》え
葩《はなびら》は何処《いずこ》よりともなく雨ふりて、
天《てん》の使《つかい》の説《と》き給《たま》える真理をば

さながら称《たた》うるものの如《ごと》くなりき」

と書かれています。

この『甘露の法雨』には、「天の使い」という語が十回出てくる。「夢まぼろし」という意味での「夢」という文字は二十七回も出てくる。この『甘露の法雨』を固く信じて読む人が多いから、いろいろの難病が治る。おそらく何万人もの人が難病や難問題を解決しただろう。

病気になることも「夢」、叱られることも「夢」、悪口を言われることも「夢」、恥をかくことも「夢」なのである。夫婦喧嘩もまた「夢」だと悟れば、翌日はケロリとなる。死を恐れることも「夢」である。

死を恐れる人は、ぜひとも谷口雅春先生著の『生命《せいめい》の實相《じっそう》』（新編『生命の實相』が光明思想社から刊行されている）の一読をお勧めする。この本は何万冊の本を読む功徳《くどく》よりもすばらしい功徳がある。

また、同じく谷口雅春先生のお経である『続々《ぞくぞく》甘露の法雨』には、「恐怖しながらでも実相さえ信じておればよいのだ」と書かれています。

「天使《てんのつかい》また説《と》きたまう。——
肉体《にくたい》は『汝《なんじ》』に非《あら》ず、
肉体のことに就《つ》いて思《おも》い煩《わずら》うこと勿《なか》れ。
思《おも》い煩《わずら》えば恐怖生《しょう》じ、
恐怖生《しょう》ずれば恐怖の反影《はんえい》として
肉体の不調和は持続せん。
汝《なんじ》の心を肉体より一層高きものに一転《いってん》せよ。
『一層高きもの』こそ真の『汝《なんじ》』なり。
若《も》し汝《なんじ》の心にて恐怖を滅《めっ》せんと努力して、
而《しか》も恐怖を滅することを得《え》ざるときには、
恐怖を捨てんとする努力をさえ止《と》め、
唯《ただ》そのままであれ、

ただ実相《そのまま》であれ。
如何《いか》なる恐怖も
『生命《せいめい》』の実相《そのまま》の中には存在《そんざい》せざるなり」（白丸は著者注）

あなたは死を恐怖しながらでも大丈夫、霊界へ誕生する。なぜなら、人間の本体は実《じっ》相身《そうしん》だからである。実相身とは霊であり、神の子であり、法身《ほっしん》、仏身《ぶっしん》、金剛身《こんごうしん》、如来身《にょらいしん》の尊い身であるからだ。

実相とは眼には見えぬけれども厳然として存在する。仏教では極楽浄土、キリスト教では天国という。あなたの本体はもうそこに在《あ》る。即身成仏《そくしんじょうぶつ》というのはなぜか。肉体は本来無いから肉体がある無しにかかわらず、既にあなたはそのまま成仏《じょうぶつ》しているからである。

これが谷口雅春先生の説く真理である。死んでから仏になるのではない。死んだから神が助けて下さるのではない。今、生きているそのままで、あなたは愛されて神の懐《ふところ》、仏の懐にいるのである。昔も今もこれからも神と一体なのである。死とは、この今の世、現世《げんせ》への一つのさよならにすぎないのである。

平成二十五年七月二十八日、黒部市生地《いくじ》小学校の五年生が隣りの滑川《なめりかわ》市で養殖されたヒラメの稚魚一五〇〇匹をそれぞれのバケツへ入れて海へ放流しているのをテレビで見た。ヒラメの稚魚は人間に殺されるのかと恐怖しながらバタバタするので、女子の児童はついついヒラメを砂地へ落としてしまう。それを大人の世話係や先生や男子児童がすばやく手づかみにして拾い、海へ投げてやっていた。ヒラメの稚魚にとって養殖場から海へ行くのは一つの大きな転生《てんしょう》である。

人間もこの世をはなれる時、ヒラメの稚魚のように恐怖するのだが、恐怖の中にいてすでに救われているのである。人間も死を恐怖し、死を逃れようと藻掻《もが》きながら、結局は霊界に転生するが、しかし、この世であろうとあの世であろうと、人間はすでに救われているのである。

あの世での生命はこの世での生命より長い

この世の生命は霊界での生命（生活）と比べれば一瞬にすぎない。人間が生まれてはじめての第一声はオギャーである。オギャーとは息を吐く（呼吸）ときの声である。人の最期《さいご》は息を引きとる（吸う）。だから人の一生は一呼吸くらい短いと言われたのである。

この世の生命は、あの世の一秒ぐらに短い。だから長い長いあの世の生命が心配な人は、谷口雅春先生の真理を勉強すべきである。その『生命《せいめい》の實相《じっそう》』を読めば、明るくて美しい、すばらしい世界へ往生《おうじょう》することは間違いない。『生命の實相』が仮に一冊百万円でも、それでも安すぎる。それ以上の値打ちがある。

釈尊はある時、法衣（僧の衣服）を着ている男に向かって、「そなたは今、法衣を着て法を説いているが、それはそなたが前生《ぜんしょう》で酒席でたわむれに僧の衣をかりて僧の真似をした因縁があるからだ」と言われた由《よし》。谷口雅春先生の教えでも仏法でも、偶然というものはない。「袖触れ合うも他生《たしょう》の縁」と仏法にあるくらいだから、法衣を着て説法するのは、それだけの前生《ぜんしょう》の因縁であることになる。

戦争はいまなお続いている

ともかく『法華経《ほけきょう》』の「分別功徳品《ぶんべつくどくほん》」には、「人間の生命は永遠だ」とあるから、私は靖国神社へお参りする時、そこに三四六万柱の神々がおられるのをひしひしと感じる。歴史的に政治的に思想的にいろいろと論争があろうとも、尊い生命を捧げられたそのご苦労(苦痛)と誠心に対して、お礼を申しあげるのが道義国家日本の建設にどれほど大切かと考える。

私も左肩に銃弾を受けて、弾丸は心臓の裏を通って肺を貫いて負傷したが、その痛いこと、辛いこと、地獄の獄卒《ごくそつ》の拷問《ごうもん》もかくやと思った。司馬遼太郎氏の『坂の上の雲』を六、七回読んだが、酷寒の満州で幾晩も冬野外の塹壕《ざんごう》で寝て、最後に弾丸にあたって戦死した人、一ヵ月も食糧なしで餓死した兵士の苦痛を思うと、慰霊をするのは人間として当然のことだと思うのだが、中韓両国の非難干渉でひるむ人がいるのは誠に悲しいことだと思っている。英霊は今、生きておられるのである。すべてを知り給うのである。

霊能者・青木泰顕《あおきたいけん》氏の『死後の地図』という本には次のような記述がある。

「アッ、落ちる、落ちる、どんどん、どんどんあちらでも、こちらでも、飛行機が落ち、戦車が爆破され船が沈んでいく。ドッカーン、ドッカーン、凄い爆音だ。耳の中がジーンと鳴り、何も聞こえなくなってしまう。

撃ち合っている。向う側は見えない。見渡す限り、はるか地平線上でみんなこちら側の兵士なのに夢中で撃っている。大砲、機関銃、バズーカ砲ありとあらゆる兵器がいっせいに火を吐いている。揺れる、揺れている。地獄が揺れている。凄い爆発音。閃光が、ズシン・ズシンと光って音をたてる。そのたびに足元がグラッ、グラッと揺れてくる」

霊界では今なお戦争が続いている。霊界での念力が具象化して戦争を演じているのである。心はすべての造り主だからである。いろいろの霊能者の著書を読むと、霊界では今なお関ヶ原の戦い、源平合戦の状態がつづいて行われていると言う。

背中に矢を射られた平家の武士

私は谷口雅春先生の『人生を支配する先祖供養』を読んで、私なりに実践し、その功《く》徳《どく》の大《だい》なることをいろいろの場所で体験発表してきた。それで「この人に頼めば、この病気、この痛みはなんとかなる」と思われるようになり、各地から個人相談、個人指導を依頼されるようになった。

私と同じ大正十五年生まれの須川雪子《すがわゆきこ》さんという人が霊媒のようなことをされるので、私は須川さんと二人で何十回も富山県内の各地を先祖供養に巡回した。

私はある年、井波町《いなみまち》(前出の彫物の町として有名)の岡本さんという奥さんが、背中の激痛で苦しみ、どの医師に診《み》てもらっても原因不明の背中の激痛が治らないので、私と須川さんの評判をきいた岡本さんが「二人で来て、助けてほしい」と言う。私と須川さんは岡本さんに坐ってもらい、私が『般若心経《はんにゃしんぎょう》』を二回誦《あ》げると、須川さんがパタッと倒れた。ウーンとうなって、右肩を下にして横臥《おうが》して寝る。

私「あなたはどなたですか？　名を名乗って下さい」

霊媒「…………」

私「名を言いたくなければ、私の問いに答えて下さい」

霊媒「…………」

私「あなたは男ですか。女ですか？」

霊「男である」

私「どんな仕事をしていましたか。どんな身分ですか？」

霊「わしは武士である」

私「あなたが武士ならば、いつ頃のお方ですか」

霊「……」

私「それではお訊《たず》ねします。徳川時代　江戸時代の方ですか？」

霊「徳川？　そんなもの知らぬ。聞いたこともない」

私「徳川将軍を知らぬのなら、あなたは織田信長、豊臣秀吉の名をきいたことがありませんね」

霊「そんな人物の名はきいたことはない」

（須川さんは女ながら男の口調で答えている）

私「すると、あなたは足利《あしかが》時代の方ですか？」

霊「足利など聞いたことはない」

私「足利を知らぬとすれば、あなたは源氏と平家の時代に生きていた武士ですね？」

霊「そうじゃ、わしは平家じゃぞ」

私「わかりました。あなたは今から八〇〇年も前に生きておられた武士だったとわかりました。この山奥の越中五箇山《ごかやま》に平家の落人《おちゅうど》部落がありますが、あそこへ行く途中だったのでしょう」

霊「よくぞ当てた。その通りじゃ。わしは背中に矢を射られたのじゃ」

私「ああ、それで。背中が痛くて岡本さんの奥さんに憑依《ひょうい》しているのだね。よろしい、今から私が矢を抜いてあげるから安心されよ。では抜きますよ」

（と、須川さんの背中に矢があるものと仮定し、矢を抜く思いで満身の力をこめてイエ
ーッと抜く動作をした）
私「さあ、抜きとりましたよ。楽になったでしょう」
（と言って、霊媒の須川さんの背中をなでる）
霊「ああ　どなたか存ぜぬが楽になりました。かたじけない、お礼を申すぞ」
私「実はあなたの痛みは無いはずです。なぜなら、あなたは八〇〇年前に死んでいるか
ら痛い体も無いはずです」
霊「そんなことは無い。わしはこの通り生きている。死んでなんかいない。でたらめ言
うな」
私「でたらめではない。あなたは霊媒師の須川雪子さんの体を借りて喋《しゃべ》っているのです
ぞ。それを信ぜられぬなら、あなた、自分のオッパイに触ってみて下さい」
霊「オッパイとは何じゃ」
私「オッパイとは赤ちゃんに乳をのませる乳房のことですぞ。どうです、大きいでしょ
う。それはあなたが須川さんという女の方の体を借りてしゃべっておられるからです

ぞ」

霊「ウーム、どうもおかしい、不思議だ。こりゃおかしい。おれはどうなっているんじゃ？」

（ひどく驚き、うろたえた様子である）

私「それでも信ぜられぬなら股《また》へ手を入れて、睾丸《きんたま》に触ってごらんなさい。睾丸《きんたま》が無いでしょう」

霊「あれ、あれ、そうじゃ、無い。ウーム、どうしたのか。おかしいぞ」

私「あなたはもう八〇〇年も昔に死んでしまって、今は霊界におられるのです。八〇〇年も死んだことがわからぬまま苦しんでおられたのです。今日ただ今から、岡本夫人にとりつくことをやめ、神仏のいます霊の世界へ戻っていかれよ」

霊「わしは信じられぬ。そこへ行く方法もわからぬ」

私「それでは私がそこへ案内してあげるから、心を素直にして私の言うとおりにするのですよ。阿弥陀仏《あみだぶつ》という慈悲深い仏さまがおられて、八〇〇年も、あなたがその仏の名を呼んで助けてほしいと念仏することをジーッと待っておられる。親にも勝《まさ》る仏が、あなたの呼ぶ声を待っておられるのです、さあ、私と一緒に阿弥陀仏の名を呼んで、明るく、美しい、楽しいところへ行きましょう。さあ、私の真似をして一緒に仏の名を呼びましょう。ナムアミダブツ、ナムアミダブツ、ナムアミダブツ」

（血の出る思いで念仏を称える）

私「さあ、さあ、どうです。明るくなったでしょう」

霊「どうもかたじけのうござった。かたじけない。楽になり申した」

私「そこであなたの親に会い、偉い平家のお坊さんにも会って、素直に行動し、二度と再び岡本さんのところに来たら、今度は地獄ですぞ」

霊「わかり申した。悪うござった」

この事件をまとめて見ると、第一に、どの霊能者も説くように、あの世は心の世界であり、心に戦いを描くものは今も尚、戦争にあけくれているということである。

第二に、人間の生命はなくならぬ、永遠の生命であること。悟らぬ霊は八百年でも悟らぬ。故に一旦地獄界へ堕《お》ちたら、なぜ自分はこの地獄にいるのか反省し、悟らぬかぎり百年、千年、一万年でも地獄界にいることがわかる。

第三に、原因不明の病いは先祖供養をすると治ることがある。霊供養をすると治ることがある。第四に、最も大切なことは死の自覚がいかに大切であるか、自分はもう死んだのである、もう肉体は無い、肉体は無いから迷いや煩悩《ぼんのう》もない、というように考える習慣を生きている間に身につけておくべきである。

第六に、さらに大切なことは、神仏に頼めば必ず救って下さると知るべきである。

念仏の功徳《くどく》

富山県砺波《となみ》市のある大邸宅に招かれて須川さんと行く。玄関で挨拶が終わって、「何も聞かせてもらわなくとも結構です。今、困っておられることだけ聞けば、何かの参考になります」と言うと、その家の主人は、「何も困っていませんが、家内がこの頃ずっと食欲がなくて、食事がおいしくないと申しています。医者はどこも悪いところがないと言っていますから、安心していますが」と申される。例の通り、仏前で須川さんと合掌し、私は『般若心経《はんにゃしんぎょう》』を二回誦《あ》げた。三回目の半ばあたりで須川さん(霊媒)がパタンと倒れて、うつむけになり、へどを吐くような形でゲーゲーと苦しまれる。私は主人に向かって、「お宅の先祖か伯父叔母か、親戚でへどを吐きながら死んだ人はいませんか?」と訊《たず》ねた。

私「必ず、だれか一人おられるはずですよ。思い出して下さい」

主人「はい。おります。多分、私の父だと思います。父は別府温泉へ友人と旅行に出かけて、旅館に入る前にあるレストランで肉を食べ、食中毒で友人三人とも苦しんで死んだのです」

(Ｏ１５７の生肉《なまにく》の食中毒事件がかつてあったが、それと酷似している)

私「お名前を何と申されましたか?」

主人「謙作(仮名)と申しました」

(この間も霊媒は苦しみをつづけている。私は霊媒にむかって)

私「あなたは別府で亡くなられた、この家の謙作さんですね?」

霊「……………」

私「名を名乗るのが恥ずかしいので黙っておられるけれど、息子さんはあなたを救うために私を呼ばれたのですよ。遠慮はいりません。謙作さんですね？」

霊媒「はい、そうです。謙作です」

（と、苦しい息の下から、ゲーゲー言い、苦しみながら言う）

私「謙作さん、あなたの葬式は終わったのですよ。あなたの骨はもうお墓の中にあるのですよ。」

霊「わからん、わからぬ。私はこの通り生きている」

私「いや、あなたはもう霊の世界におられるのですよ。亡くなってもう七年にもなるそうですよ」

霊「ゲーゲー、わからぬ、私は生きている」

（聖経『甘露の法雨』にあるように、心はすべての造り主であり、三界《さんがい》は唯心《ゆいしん》の所現《しょげん》だから、霊の心の展開として苦しんでいるのである）

私「謙作さん、あなたは霊の媒酌人（霊媒）の須川雪子さんの体にのりうつり、須川さんの体を借りて喋《しゃべ》っておられるのですぞ。嘘だと思ったら、あなたの睾丸に触ってみて下さい。どうですか、金玉はないでしょう。おっぱいに触ってみて下さい、乳房が大きいでしょう。あなたは男だから乳房は小さいはずなのに大きいでしょう。あなたは霊媒にのりうつって喋っているのですよ。あなたは霊であり、魂なのですから、肉体はもう無いのですよ」

霊「…………」

私「わかりましたか？」

霊「おれは死んだのか？」

私「息子さん、何か一言、お父さんにどうぞ」

息子「お父さん、あとの事は何も心配しなくともよい。家中、皆元気で何一つ困ることなく、うまくやっている。安心して下さい。森田邦三先生の言われることをよくきいて成仏《じょうぶつ》して下さい」

（そう言って霊媒の手をにぎる）

霊「そうか、俺は死んだのか。わかった、わかったぞ」

私「謙作さん、あなた今、うす暗いところにおるでしょう？」

霊「そうだ。ここは暗いところだ」

私「あなたはもう霊の世界におられる。私たちの世界には戻れませぬ。誠につらいけど、さよならいたしましょう。念仏しましょうよ。阿弥陀《あみだ》さまは眼には見えぬけれど、ご先祖さまたちもあなたを待っておられますよ。あなたの霊界での親さまであるアミダ様を血の出る思いで呼んで下さい。即時に光がさしこんで明るくなりますよ。ナムアミダブツ、ナムアミダブツ、ナムアミダブツ、どうか藤井謙作を救い給え。罪悪深重《ざいあくじんじゅう》の凡夫《ぼんぶ》なれども、『甘露《かんろ》の法雨《ほうう》』にあるように、藤井謙作の実相《じっそう》は仏身《ぶっしん》　法身《ほっしん》　金剛身《こんごうしん》です。助けてやって下さい。どうです、明るい美しいところへ来たでしょう?」

(霊媒もはねあがるようにして)

霊「ああ、明るいところへ来ました。美しいところへ来ました。ありがとうございました。源作(息子の名)よ、おれは行くぞ。ありがとう、ありがとう」

(霊媒が起き上がる。先ほどのヘドを吐く時の土色の顔が一変し、霊媒の顔はピンク色に艶々《つやつや》の顔に一変した。弥陀の救いはこの霊媒の顔色でわかる。光り輝く顔に変貌したのである)

私は浄土真宗の東本願寺派の門徒であるが、実はこんな簡単な念仏で本当に浄土へ生まれることができるのだろうかと、あやふやな心であった。五欲に惑い、利己心もあり、人を軽蔑し何一つ徳積みもしない、俗物根性丸出しの私ごとき者が、果たして浄土へ念仏一つで行けるのか、と実にあやふやな心で生きてきた。そんな私に、霊界の本を読んで霊界の仕組みを知っただけで、人を救う力が自分にあるとは思わなかった。しかし、このとき、私にも、だれにでも、神の名代《みょうだい》として、使者として、人を救う力はあるとわかったのである。念仏の功徳《くどく》は本当に広大無辺である。

酒の好きな邪霊

私の知人の息子に真左義（仮名）という子がいた。朝まで飲み屋で酒を飲む、車の事故はおこす、もちろん金は一円も残さない。母親は盆と年の暮れには、泣く泣く飲み屋の借金を払う。そんな苦しい日が五年間も続いて、私のところへ相談に来た。

酒を飲んで暴れるのは、先祖か誰かに酒の好きな邪霊がいて、「酒をくれ、酒を飲ませろ」といってて人間によりつくのであるから、その酒好きな霊の供養をすれば息子の酒飲みは治るといって指導したところ、母親は生長の家の『甘露《かんろ》の法雨《ほうう》』を繰り返し読んだ。その後、息子は十一時頃帰宅するようになったが、依然として酒ぐせが治らない。それで彼の祖母の兄にあたるその酒豪のお墓へ行って、『甘露の法雨』と『般若心経《はんにゃしんぎょう》』を誦《あ》げながら、お酒を一滴ずつ長時間、ちびりちびりとお墓にかけながら読誦《とくじゅ》した。そして、霊に語りかけたのである。

「あなたは仏だよ、もう霊界におるのですよ。酒のほしいあなたの肉体は、燃やしてしまってもうないのですよ。さあ心の眼を覚まして、この酒を最後と思って飲んで、霊界の修行にはげむのですよ。子孫につかまっておんぶしてはいけないよ。皆困っているんですよ」と声を出して酒をついだ。

なんと次の日から夕方早く帰って来るようになったのである。

死は無い——人間の本体は永遠の生命

最大にして最高のプラス思考である光明思想は、人間の本体は死なないという信仰である。人間の本体は神の子であり、仏の子であり、霊であり、仏身《ぶっしん》だからである。

私は長年、霊媒と一緒に各地を歩いて「人間は死なないのだ。この世こそ仮の世であって、あの世こそ本当の世界である」と知った。また、谷口雅春先生の『生命《せいめい》の實相《じっそう》』を読み、各種の霊界に関する本を読み、そして自分自身で供養に歩いて、「人間の本体は霊だから死なない、死は仮の姿である」と信じるようになった。

富山県のある町に、パチンコに熱中し、妻や子に生活費もわたさぬ農業とサラリーマンの兼業農家の三十代の男がいた。しかし農作業はほとんどやらない。周囲の説得は焼け石に水で効果がない。そこで霊媒である須川雪子さんと私が頼まれて、その家の仏壇で供養することになった。その前に私たちはお墓へ行って供養することにした。

夏の暑い日、墓前で『般若心経《はんにゃしんぎょう》』と生長の家の『甘露《かんろ》の法雨《ほうう》』を読んだ。『甘露の法雨』の「迷い」の項までくると、突然須川雪子さんが、私の服を強烈にひっぱり、「墓を建ててくれ」と男の声で叫ぶのである。

私「墓を建てると言っても誰の墓かわからぬではないか。あなたは誰か、名前を言いなさい」

霊「おれか、おれは佐々木文次郎というものだ」

私「わかりました。ところでこの家とどんな関係にあるのですか」

霊「わしは、この家の先祖である。北海道にわたったものだ。ともかく墓を建ててほしい」

私「佐々木さん、今、どこにいますか?」

霊「わしか、わしはこの家のあま(二階)におったり座敷におったりするわい」

私「ああ、それでこの家の長男にとりついて、パチンコに行くように仕向けるのだな?」

霊「…………………」

私がしつこく訊ねると、「そうだ」と言う。

私「よし、わかった。墓を建ててあげるから○○家から離れなさい」

私は、この霊に対し、現世《げんせ》の人間に憑依《ひょうい》することの大罪と、そんなことをしたら絶対に成仏《じょうぶつ》できないことを愛深くねんごろに説明し、この家の奥さんには小さい墓を建てるように約束してもらった。

この町の役場へ行って調べたところ、佐々木文次郎なる者は明治二十三年に北海道へ移住していることがわかった。霊媒も私もこの家の嫁もこれを知っているはずがないから、霊は生きて存在している何よりの証拠である。

霊界は過去と現在が一つになっているから、毒を飲んで死んだ人がいると、霊媒が大変苦しむのである。亡者を救うには愛と真心と霊界に関する一応の知識が必要となる。

地獄界へ落ちたある霊の告白

俳優だった丹波哲郎氏の著書『死は凱旋門』の中に、地獄界へ落ちたある霊の告白がある。

「私はこの喜びも希望も全くない、なんと無い無い尽くしが地獄の実相である。(中略)群がる地獄の住人たちの胸をかき分け押し分け道路から通路へと駆け抜け見物したが何処《ど》《こ》も同じ、少し飽きてきた。彼等は一体、何をしようとしているのか、すべて人は無意味にうろつくだけで、行きあたりばったりに争いあい、ののしり合い、傷つけあっているだけである。私も何だかやり切れなくなってきた。自然に大きなため息が出る。深い悲しみが湧き出てて仕方がない。もうわかった。地獄の見学はこれにて充分。一件落着だ。帰りたい、光の中へ戻りたい。人間界で何をやらかして、こんな処《ところ》へ落ちて来たのか哀れみの情が滲《にじ》み出てくる。救ってやりたいが私のような者にそれができそうにもない。どうしようもない。

『嗚呼《ああ》、神様』と思わず声が出てしまった。すると街角にうずくまっていた一人が、『神様、神様』と細々とした声で　泣くように私の真似を仕始めたではないか。彼は黒々とした天を仰いで力なく両手を宙に漂わせ、なおも『神様、助けて下さい』と泣いている。

私はさらに近寄って彼の正面に回ってみた。何処《どこ》かで見たような顔だ。しげしげと眺めたがわからない。でも確かに見覚えがある。

私は『あっ』と悲鳴に近い声をあげて棒だちになった。甥だ、私の姉の子だ。あの暴走族の仲間入りをして親兄弟はおろか、世間に散々迷惑をかけ警察沙汰にまでなっていた私の甥だ。場所が場所だけに私は脳天から火が出るほどの衝撃をうけた。考えて見れば、当然の結果だとしても何と哀れなことか。妻が事故死でこの地獄界へ来ると予言していた甥とは此奴《こいつ》だったんだ。私は思わず妻（先輩霊）の姿を捜したが見当らない。急に心細くなっておろおろしながら妻を求めたがいない、妻がいない。

私こそ泣き出しそうに『おお神様』と本気で叫んだ。甥も私の尻馬に乗ったように小さな哀れな声で『仏様』『仏様』と呟《つぶや》いている。彼には私は見えないが誰か仲間ができたのかと感じて元気が出始めたようだ。だんだん『神様』が大きく力強くなってきた。

すると何と彼の回りで騒いでいる私の姿がぼんやり見えたらしく（仏の力で霊格が一つ上の波長が一つ上級の私のところまで上ってきた）首をかしげながら近寄ってきた。

私はかつての甥の残骸（地獄界の顔）が近寄ってくるような気がして一歩退いた。これほど無残な顔(地獄界の顔のこと)そして姿だ、でも視線が私と合っているのはどうしてだろうか、その時だ『助けてやりなさい』妻の声だ、いやはや飛び上がるほど安心した。迷子がいきなり母親に出会った、あの現金な喜びと安堵感だ。

『貴方《あなた》の甥子《おいご》よ。この人は神様を真剣に念じだしました。だから神さまからの光が僅《わず》かですが届いたのです。その光で彼には今私達の姿が薄ぼんやり見える筈《はず》です』

彼は私達の後を子犬のようにヨチヨチついて来たことは言うまでもない。(中略)彼は人間界にいた時一度だって神様を念じたことはない。神の愛を信じたこともあるまい。(中略)彼の自力脱出は今彼に課せられた大切な修行なのだ。辺りは丁度《ちょうど》夜明け時のように明るくなって来た。

森の奥に人影が見えた。じっとこちらを眺め透かしている。私は思わず身構えた。真直ぐに近づいてくる。私はあわてて妻を見た。

『大丈夫です、彼らは地獄からの脱出者です。此処《ここ》で看護し援助の手を差しのべてやるのです』上層界の霊人達がいる。この仕事は霊界では大事な役目だそうである」

「死」に勝った北朝鮮の女優

偶然にもまことにいやなテレビを見たものである。今から八年ほど前のこと、ある日ふとテレビをつけたら、民放である北朝鮮の一女優の公開銃殺刑のシーンである。

ハッと思ってじっと見ていたら、この年の頃なら、二十二、三歳の美しい女優である。銃殺刑の理由は一年間に一一五名の男性と肉体関係を結び、国家の良序公俗を乱したという罪である。この美しい可愛らしい少女のあどけなさが残っている薄緑のワンピースを着た女優は、両手をうしろ手で縛られ一本の柱の前に立たされている。五人の兵士達が銃をもって構えている。しかるに彼女はにこにこと笑っている。何とすごい、すばらしい女性であることか。私は固唾《かたず》を飲んで見ていた。やがて執行官が進み出て、彼女に白布の目かくしをしてやっている。

テレビの解説者たちは同情して次の如く評していた。

「この女優は、いくらなんでも一年に一一五人も男を変えて関係を結ぶことはないと思う。一一五人ならば、三日に一人であり、次から次と男を変えることだから不可能に近い。これは、こんなに美しい可愛い女性だから、北朝鮮の労働党幹部が、次々と、秘密裡に関係をもち　それが上層部に洩れ、この女性は男の名を次々に白状した。これを放置すれば、名前がいずれ公になってしまうので、その前に裁判にかけて死刑にしたのであろう。北朝鮮では裁判の上に党の方針が優先する（中国も裁判という法の支配があるが、さらにその上に党の決定がある）から、裁判官は銃殺に価しないとしても、その上の決定で銃殺の判決を下したのではないか」という評論だった。私もその通りだと思った。

私が先ずここで言いたいことは、この女性がにこにこと笑うことによって死を超越していたことである。彼女は鉄砲の引き金をひく兵士達に勝利していたのである。

次に、この女性の親は当然いるはずである。親はどんなに辛かろうと思う。その辛さ、苦しさは筆舌に尽くし難い。こんな光景を公開する国家は、文明国家、理想国家と言えるか。銃殺後、彼女の首はがくりと垂れ、頭は下方を向き血しぶきの赤い色も映っていた。私は永遠の生命を信ずるが故に、彼女の成仏《じょうぶつ》を祈らずにおられなかった。

しかし、彼女はりっぱだと思う。呪い叫び、わめくこともなく、これぞ自分の天命だと思って死を迎えたことは、一般の男子も及ばぬことだったと思う。

彼女と関係した男たちは敗北感を味わっていることと思うが、どうであろう。一片の良心だにあれば、深い悔恨に苦しむことであろう。

魅力ある美人に生まれたばかりにこのような運命をたどった女性もある。昔武士たちは切腹する時、自分の首を斬りおろしてくれる介錯人にむかって、「お役目ご苦労さまに存じます」とか「お役目かたじけのう存ずる」と会釈して、腹を切ったものである。この女性も己《おのれ》を銃殺してくれる兵士ににっこり笑ったとすれば、見上げた女性である。

このテレビ放映は実に多くのことを連想させてくれた。

「ああ、これで毎日の地獄の奉仕から逃れられる」という大安心の境地だったのかとも思う。自分にも娘をお持ちの方は、とくに自分のこととして考えていただきたい。

なぜ霊界が見えぬ仕掛けになっているのか

人間に地獄界が見えると、恐怖心で仕方なく善事に励むことになるだろう。しかし、それは強制された善だから本当の喜びではない。嫌々ながら仕方なしに善事をしても誰も尊敬してくれぬし、誰もほめないし、また感謝もしてくれない。だから人生は暗い暗い心で過ごさねばならぬ。また、お葬式に詣《まい》っても、死者が霊界のどこにいるのか分かれば、「なんだ、あの人はあんなに努力したのにあんなところにしか行けないのか」となる。確かに霊が見えると死を恐れなくなるメリットはある。しかし霊界が見えないからこそ死ほど厳粛なものはなかったのに、あの世が見えるとなれば、誰もまじめに生きようとはしなくなるに違いない。作家の曽野綾子《そのあやこ》氏も、人間は死をみつめたとき本当に生きていることになる、と言っておられる。

ここに一人の男がいたとして、この男はあと十日間でこの世を去るということがわかれば、真に妻を大切に扱い、借金も整理し、人には人間らしい言葉をつかい、一日一日の僅《わず》かな時間も大切にして生きるだろう。仮に死ぬ時期がわからぬとしても人は死があるから病気にならぬように気をつけるだろう。交通事故があるから運転に気をつける。火災がおこるかもしれぬから、火の取り扱いに気をつける。入試におちると困るから勉強に励む。借金で苦しみたくないから、お金を浪費しない。風邪をひきたくないから身体に気をつけるだろう。死という大障害があるから、人は日々の行動、生活に気をひきしめるのである。

霊界が見えたらどんなにいいだろうと思うが、我が子が地獄で苦しんでいることがわかると親は苦しくて夜も眠れぬ。恥ずかしくて外を歩けない。霊がみえると夜の夫婦生活も楽しくないし、先祖が見ているから、飲み屋で飲んでも楽しくない。だから人間は霊がみえぬので幸せなのだ。すべての霊能者は「見えないから幸せなのだ。見えたら食事ものどを通らぬ」と言っている。

漂流三十一年、妻に届いた椰子《やし》の実《み》

「浄土真宗には祈りはない。なぜなら祈らなくとも、すでに弥陀《みだ》の大慈大悲《だいじだいひ》の本願《ほんがん》の中にいるからである」と説教坊さんが話されるのをきいた。その通りである。しかし、僧侶は念仏を称《とな》えることをお勧めしているが、その念仏の中に「仏たすけ給え」という心理が働いているのも本当である。蓮如上人《れんにょしょうにん》の「お文《ふみ》」の中にも「仏たすけ給えと申さん衆生をば、弥陀は必ずたすけ下さる」とある。

ここに私が実際見てきた事実をもとに、あなたの祈りも必ずきき入れることを保証する。あなたが、或る日、仏前で「私の死期も近づいて来ました。今までも救われてきましたが、命尽きたあと、来生《らいしょう》もお救い下さることをお願いします。南無阿弥陀仏《なむあみだぶつ》、南無阿弥陀仏（南無妙法蓮華経《なむみょうほうれんげきょう》、南無妙法蓮華経、南無大師遍照金剛《なむだいしへんじょうこんごう》、南無大師遍照金剛、南無釈迦牟尼仏《なむしゃかむにぶつ》、南無釈迦牟尼仏）」と心に感謝と誠実を込めたお祈りは必ず聞き入れられることは、左記の実話をお読み下さるなら分かると思う。
平成八年五月二日、私は靖国神社参拝のあと遊就館《ゆうしゅうかん》を見学した。そのとき展示されていた「椰子《やし》の実《み》」を見て胸のつまる思いをした。この「椰子の実」にまつわる話が一冊の本に収められている。著者の柳生妙子《やぎゅうたえこ》先生の許可を得てこの奇蹟を紹介する。

昭和二十年二月下旬、大東亜戦争の真っ只中、出雲市出身の山之内辰四郎は広島暁部隊に所属し、通信兵としてマニラで任務についていた。連日米軍の猛攻撃を受けて、部隊は奥地に転戦することとなった。(この間のことは、原著に実に詳しく戦況や本人の気持ちなども書かれている)

米軍の侵攻につれて、辰四郎は「もはやこれまで」と思い、故郷の出雲大社の日御埼《ひのみさき》灯台と、天孫降臨の稲佐浜《いなさのはま》を思い出し、いつでも死ねる覚悟で椰子《やし》の実《み》をとり出し、墨で妻の名と親友の名と自分の名を書き、両手を合わせて椰子の実を岸の彼方《かなた》へ押しやったのである。

この間の悲惨さは壮絶を極めるが、山之内辰四郎は、現在日本霊園のあるカリラヤに近いサンタクルスで壮烈な戦死を遂げたのである。

辰四郎は生長の家の谷口雅春先生著の『生命《せいめい》の實相《じっそう》』を愛読し、「想うことは祈りである。祈りはきかれる。実現する」という言葉が好きだった。だから、このことを信じて「椰子《やし》の実《み》」を流したのであろう。

さて、戦争が終わって日本が経済大国と言われ始めた頃、昭和五十一年三月十五日のことである。辰四郎の友人である岡貞吉は、いつものように出雲大社参拝をすませると稲佐浜《いなさのはま》に出た。古事記神話に出てくる国ゆずりの稲佐浜である。

岡貞吉は、稲佐浜に流れつく流木を細工して床飾りや置物をつくることをなりわいとしていた。この日、さしたる獲物がない貞吉は、ふと丸いボールのようなものを拾った。なんだろうと思って取りあげてみたら、椰子の実である。

「母さん、早よう出て来い。すばらしい物を拾ったぞ」という貞吉の大声に驚いた岡の妻女にもはっきり読みとれるほどに、友人の飯塚正市伍長と山之内辰四郎、山内きよ子の名前が墨書きされているではないか。

海の塩水がかわいて、椰子の実の表面に文字がはっきりと出て来ているのだ。岡貞吉は椰子の実をかかえるや、町内の飯塚正市の家へ走った。

一目みるなり、「辰四郎、帰ったか」と飯塚は絶句し、眼をうるませ、「おお、辰四郎」と泣いた。彼は親友の辰四郎とマニラで戦った仲である。

飯塚正市は山之内辰四郎の奥さんが身を寄せている次女孝江の婚家先へ走った。感動のあまり早口でどもる飯塚の言葉を不思議そうな面持ちで聞いていたきよ子夫人も、椰《や》子《し》の実《み》に書かれた自分の名がまぎれもなく夫辰四郎のものとわかると、「わあーっ」と悲鳴にも似た声をあげて、椰《や》子《し》の実《み》を抱いて畳に突っ伏して泣きくずれた。

やがて思いつめたように顔をあげると、「三十一年もの長い間、どこの海とも知れず漂っていたのですね。寒かったでしょう。温めてあげます」と言い、片手で胸を広げ、乳房の上に吾が子を抱くように、しかと抱きしめて泣いたのである。

きよ子夫人には、三十一年ぶりに故郷に流れついた椰子の実が、夫辰四郎そのものに思えたのであった。（柳生妙子著『真理の国日本』より要約）

この椰子の実は、その後、靖国神社の遊就館に神風特別攻撃隊隊長・関行雄中佐の写真と、空母に体当たりする直前を描いたフィリピンのディーヅン画伯の画とともに陳列された。

平成八年五月二日、私は靖国神社の遊就館へ行き、現実にこの椰子《やし》の実《み》を見て、涙が出て涙が出て仕方がなかった。このことを伝える当時の新聞記事も同一場所におかれてあった。

この椰子の実が流れついたのは偶然だろうか、「そんなことがそんなに驚くことか」と思う人もあるかもしれない。そんな人は祈りの効果を知らない人である。考えてもみよ。

①マニラ湾へ押しやった椰子の実は、湾内だったら再び岸へ打ちあげられるものである。富山湾の海岸へ多くのものが捨てられ、それらが再び打ちあげられて、大勢のボランティアがそれを燃やしているのを見てもわかる。

②椰子の実は太平洋の黒潮に乗って、フィリピン――台湾――沖縄――九州――四国――東海方面――仙台の方へ行き、どこかの岸で打ちあげられるのが物理的な常識である。

③日本海側の親潮に乗るとしても、台湾――沖縄――熊本――天草――山口県などの海岸へ着くべきであろう。

④また故郷を通過して、京都―福井―石川能登半島へ来てもよいのである。
⑤この長い長い七千キロもの旅路の中では、故郷の稲佐浜《いなさのはま》は点にすぎない。その一点にたどりついたのだ。
⑥しかも他人が拾わず、友人の岡貞吉が拾ったところに摩訶不思議《まかふしぎ》なものを感ぜずにはいられない。

このどれ一つ欠けても、椰子《やし》の実《み》はきよ子夫人の手に渡らなかったのである。即ち信は力なり、祈りは力なり、辰四郎の祈りは神仏に聞かれたのである。

人間の念力はやがて具象化してくる。家を建てたい念力、議員になりたい念力、高校へ入りたい念力、一切のものは念力の強さで実現する。心はすべての造り主なのである。

富山県の宇奈月町《うなづきまち》に生まれた予言者・新保フサは祈りの強さを知っていた。知っていたからこそ死に物狂いで祈り歩いたのだ。白一色の姿で着物、腰巻き、手甲《てっこう》、きゃはん、わらじをはいて、肩から白い袋を下げて、袋の中には、お花、お菓子、お酒、米、菓子かまり玉（マーブル）、金米糖《こんぺいとう》を入れ、災害がおこると思う個所、地区の神社に投げこんだり、奉納したりして歩き続けたのである。

糞尿地獄から抜け出る

昭和六十二年夏のこと、私は東京都八王子市の生長の家の婦人の集まりである白鳩会の誌友会に講話で出かけた。講話が終って、私は会長さんのKさんの家で一泊させてもらうことにした。「個人指導をお願いします」ということで、佐原さん(仮名)というご婦人が、次のような深刻な話をされた。

「私は佐原と申します。夫はあるホテルの調理師をしていましたが、大便くさいというのでホテルを解雇されました。貯えがなかったので、すぐタクシーの運転手になりましたが、そこもウンチ(大便)くさいと馘首《かくしゅ》されました。トラックの運転手ならば大丈夫だろうと思ってトラックの会社へ勤めましたが、この会社も『どうも佐原は糞尿くさい、明日から出勤しなくともよい』と言われ、夫は自暴自棄となり、連日パチンコ屋へ行って時間を費しています。私と子供たちはお金がなくて食べることができず、私の母に泣きついて食べる物を買って生きています。娘は高校へ行っていますが、パス代がないので主人の母になきつくようにして通学のパス代を払って学校へ行っている始末です、どうしたらよいでしょう」との相談であった。私は、「それは、ご主人様の先祖の誰かが糞尿地獄へ落ちて辛くてたまらぬので、猛烈に子孫をさがしてあなたの主人に憑依《ひょうい》しているのだと思います」

「どうしたらよいのですか」

「あなたのご主人のご先祖のうち、誰かが大変汚い銭を貯めているか、人に言われぬ汚いお金をたくさん持っておられ、今、苦しんでおられるのです。あなたのご主人の先祖にそんなお方がおられるのを思いつきませんか？」

「さあ、思いつきません。よくわかりません。主人の母はこの八王子市内に住んでいるので、今晩行ってたずねて調べてきます」というので帰っていかれた。

さて一夜あけると、佐原さんの奥さんが再訪されて、

「先生、よくわかりませんが、姑《しゅうとめ》さんが言われるには、『佐原の三代前の人（即ち曽祖

父）が札幌で医者をしていて、妾《めかけ》を四人も持っていたと言います、その人しか考えられぬ』と申していました」

「そうですか。私の村でも、ある土建業者が新潟である未亡人とよい仲になり、元気な間に騙《だま》して未亡人の家屋敷を売り、その未亡人が死んだので、巨額の財を故郷へ持ち帰り、そのため子孫に狂人が出たり、不具合な事件が次から次とその家に起こりました。ともかくその人の名前を調べて供養すれば大丈夫、解決します」と断言した。

「どのようにすればよいのでしょうか」

「佐原家のお墓はどこにありますか？　場所はわかるのですか？」

「ハイ、青森にあります。お盆にお詣《まい》りに行くのでわかっています」

「それはよかったですね。ご主人のひいおじいさんはお妾《めかけ》四人も持っていた。おそらく未亡人もいたかもしれません。その未亡人の邸宅、家、株券、預貯金などを未亡人の死亡により、自分のものとして蓄財したのではないでしょうか。論が勝つか証拠が勝つか、あなたとご主人とで青森の墓へお詣りし、墓前で座布団に坐り、谷口雅春先生の〝懺悔《ざんげ》の神示《しんじ》〟を丁寧《ていねい》に二回読み、次のように言いなさい。

『ご先祖さま、あなた方の子孫である佐原〇〇が参りました。あなた方の中で他人のものを簡単に手に入れてその汚いお金を儲けたお方、どうか懺悔して下さい。糞尿地獄から抜け出す唯一の道は、自分が悪かったと懺悔して、さらに自分は尊い神の子、仏の子である、本来の私は、仏身《ぶっしん》、法身《ほっしん》、金剛身《こんごうしん》、清浄身《しょうじょうしん》であると自覚され、神よ救い給うてありがとうございます、ありがとうございます、と心から感謝されますように。ただ今より、尊い聖経『甘露《かんろ》の法雨《ほうう》』を誦《あ》げますから、よく聴いて高き霊層へお移り下さい』

と誠心こめて申されるとよいです」

「先生、とてもそんなに長い言葉は覚えられません」

「はい、わかりました。要点だけメモしてあげましょう。ただし、この言葉を七、八回ぐらい繰り返し申し上げるのですよ」

と言って、要点を大きい字で箇条書きにして書いてあげ、私は東京から自宅へ帰った。

さて、その一週間後、八王子市の佐原さんのご主人から電話があり、

「先生、有難うございました。家内と二人で座布団をもって墓前に行き、平身低頭して、先生の言われたとおりに墓前で申しあげ、聖経『甘露《かんろ》の法雨《ほうう》』を誦《あ》げました。途中、

これは奇蹟だと思うことが数回ありました。今、私の体は全く糞尿臭いことはなくなりました。誰もがまったく匂いはないと断言してくれます。本当にありがとうございました。家内と代わります」

奥さんが代わって、

「先生、ありがとうございました。お礼の申しようもございません。神さまはおられるのですね。主人が奇蹟と申しましたのは、車のガソリンがなくなってエンジンを止めなければならなくなった時、そこがガソリンスタンドの前であったり、家にいる娘に急用を思い出した時、そこが高速道路の電話ボックスの前だったりして、ご先祖さまのご加護だと二人で語り合いました。主人はあしたから元のところへ再就職のお願いに行くと申しています。本当にありがとうございました」

涙を流しているのがわかるくらいの、声涙《せいるい》共にくだるという電話だった。

よく先祖が株やバクチで儲けた家があると、子孫に放蕩息子《ほうとうむすこ》が出てお金を湯水のようにつかい果たすか、または再び相場に手を出して破産するようになる。これらは汚いお金に苦しむ先祖の霊から汚物をお祓《はら》いするための浄化作用なのかもしれない。このようなことは数多くあった。

狐光となって狂った中学生

昭和三十八年、私が黒部の中学校に在職していた頃に体験した事実をここに書くことにする。佐藤京子(仮名)は一人娘で、父母は中国満洲からの引き揚げ者である。彼女が中学校二年の時、母は癌で亡くなった。

父は床屋で理髪業を営んでいたが、その父も妻を癌で病の床に看取《みと》っている間に、S学会に入信すれば癌が治るというので入信した。しかし母が亡くなり、悲しみのどん底にいる時、父は京子に仏壇にある阿弥陀仏《あみだぶつ》の掛軸、親鸞《しんらん》、蓮如《れんにょ》の絵巻掛軸を黒部川へ流して捨てて来いと言った。子供心に母がお詣りしていたものをなぜ流し捨てるのかと、いぶかしく思って返事をしぶっていた。すると、父は「捨てて来い。そんな簡単なことぐらいできんのか」と恐ろしい剣幕でどなった。しかたなく京子は、夕方、人目をはばかって近くの黒部川の堤防を降りて阿弥陀仏の掛軸を投げ捨てた。

ところがこの巻物は、「私は別れるのがつらい」と言わんばかりに流れて行かないで、川岸の方へ流れ寄るのである。京子は「お母さん、流れて行くのがつらいのね」と思って、再びそれを拾い、泣く泣く力いっぱい本流めがけて投げた。すると、今度は二〇メートルほど流れて再び岸辺へ寄ってくるのである。京子は「お母さん、お父さんに叱られるから、流れていってよ」と泣いてたのんで、三度、投げた。すると今度は、「わかったよ」といわんばかりに、仏壇にあった真宗の本尊の掛軸は富山湾めがけて流れていってくれたのである。

翌日、京子は私に話があると言い、この悲しい体験を私に語った。何しろ、S学会との問題でもあるので、「私は信仰の自由」の法の手前、「それは悲しかったろう。だけど、お父さんだって、お母さんの病を治したかったからその宗教に入られたのだから認めてあげなさい」と言った。この時、このあと重大なことになるとは予期していなかった。

この事があって、一週間も経ったと思うが、京子の父は、仕事中ぱったり倒れてあの世へ旅立ったのである。京子は天涯孤独《てんがい》となった。幸い、地区の民生委員が町役場に相談してくれたが、誰も京子をあずかる人はいない。学校長　教頭も心配しているうち、私の地区の法伝寺の和尚さんが、同じく民生委員をしておられたので京子を預かって下さることになった。

私がほっと一安心していたところが、女子生徒の級友たちが職員室にグループでやってきて、「先生、佐藤さんが少し変です。おかしいです。教壇のところでわけのわからないことを言って、スピーチしています」と言う。「先生、もしかしたら佐藤さん、狂ったのではないですか」と言う。

すぐに京子を呼んで話して見ると、木に竹を接木したようなことを言う。こちらの質問に答えないで、お天気の話だとか、畠の野菜の話などをする。ともかく様子を見ようということになった。私は、「ああ、これは、あの仏壇の弥陀の掛軸が泣きつくようにと岸辺へ寄って来たのを邪険《じゃけん》に本流へ投げつけ、捨てたあの良心の悲しみのせいかもしれぬ」と思ったり、佐藤家の先祖のたたりかもしれぬと思ったが、無信仰の学校の先生方には通じないことであるし、それに猛烈なS学会の反発もあるかもしれぬ、これは黙っていた方がよいと思って、帰りに法伝寺の和尚さんに今までのいきさつを説明し、学校で様子がおかしいと話した。

ところが法伝寺の和尚さんも「やはり、京子は少し狂ったのではないか」と言われるのである。学校長に相談したら、校長は「病気だから、まず医師と相談し、教育委員会と相談しましょう」ということになり、魚津市の緑ヶ丘病院へ相談の電話をされた。この病院は精神科専門の病院であり、京子のように孤児の医療費についても十分手続きをしてくれるので、法伝寺の和尚にも連絡して、京子を緑ヶ丘病院で治療することにした。

その折、若い男の看護師二人が来て京子を連れに来たのである。京子に魚津の緑ヶ丘病院に行く旨《むね》を説明したら、「私は狂ってなんかいない、行きたくない」と泣きわめくのである。

私にも年頃の娘がいたので、私は可哀相《かわいそう》で仕方がなかったが、教育委員会と学校と町の方針なので、いろいろとなだめすかしたが承知しない。ワーンワーンと泣きわめくのである。和尚さんも「京子ちゃん、お医者さんに診《み》てもらうだけだから、しばらくの辛抱だよ」となだめる。お寺の奥さまも「また帰って来たら仲良くしましょうね」とやさしく言い聞かせる。しかし、京子は「精神病院はいやだ、いやだ」とわんわんと泣く。私に「先生、助けて、助けて」と取りすがる。この押し問答を見ていた男の看護師がとうとう京子を強引に連れていこうとするが、京子はお寺の御堂の柱につかまり抱きついて離れない。私はこの世の地獄を見るような思いであった。

両親を失い、孤児となって御堂の柱に抱きついて泣くあの光景を五十年経った今でも忘れない。今だったら、生長《せいちょう》の家《いえ》の真理によって祈って正気に戻せる自信があるのだが、当時は宮仕えの身の上で、上司に従うしかなかったのである。

精神病は、紫雲山《しうんざん》地蔵寺住職であった橋本徹馬先生の本によると、死んで恨みをはらしてやるとか、七代までも子孫にたたってやるぞという死者に恨まれている人、またはその子孫にかかる、と書いてある。私も親に包丁をふりまわして暴れるK家の君子の精神分裂病者を癒《なお》した経験があるので、現在ならば京子を救ってやれただろう。

さて京子であるが、病院へ見舞に行っても院長が面会の許可をくれなかった。もし面会すれば、「早くここから出してほしい」と里心《さとごころ》がついて、本人を苦しめるからである。今、どうしているか消息もわからない。実に痛恨のきわみである。

用水路へ入水した教え子を救えなかった！

いま一つ痛恨きわまりない体験をしたのは、私が富山県の舟見《ふなみ》中学校の教頭をしていた時の話である。これは皆が知っている話だから実名で書いてもよいのである。

宮崎君は家計を助けるために、朝暗いうちに新聞配達をしていた。ある寒い三月の中旬だった。彼の母親が私の家へ来て、「先生、息子が新聞配達をしていると、用水(発電所への用水、深さ三メートル、流速は時速五〜六キロ)の上で亡者たちが車座になって酒をのみ、『こっちへ来い　こっちへ来い』と招くそうです、いやだって言うと、本当のお前は、こっちへ来たがっているのだ、おいしいものやるから、こっちへ来い』と執《しっ》拗《よう》に招くそうです。恐ろしいのでどうしたらよいでしょうか」という相談である。

私は、「お母さん、心配いりません、『神さま、助けて下さい』と言えば大丈夫です。

私は学期末で試験の答案があり、成績表やら卒業式の準備で実に多忙なので、あと四日待って下さい。あなたの家の近くの用水のお祓《はら》いをします。それまで待って下さい、悪霊に勝つ予防は神様を招《よ》ぶしかないのです。大丈夫、しっかりと伝えて下さい」と母親を帰した。

ところが、それから三日後、三月十七日朝未明、宮崎君は「発電所用水へとび込み自殺？」として報ぜられた。私は卒業式後、彼の家へ寄って泣き伏す母親へ土下座するようにして謝ったが、死者は戻らない。わが生涯の痛恨事の一つである。

夜間、彼の家を家庭訪問して指導すべきであった。または『甘露《かんろ》の法雨《ほうう》』という生《せい》長《ちょう》の家《いえ》のお守りを渡すべきであったと、今でも涙が出るほどつらい。このような時、どうすればよいのか？　むずかしくない。「神さま、彼らを助け給え」と言うか、「俺は神の子だぞ！　お前らのような悪霊、低級霊に負けるものか」と強く声に出して言えばよいのである。

私は、今でもその場所（県道のそばにある）を通う時、「宮崎君、堪忍してくれ、ゆるせよ、南無阿弥陀仏《なむあみだぶつ》、南無阿弥陀仏」と言うのである。この事があってから、私はノイローゼ患者とか狂人の場合、いかなる多忙な事情があっても、その家へ助けに乗りこむことにしている。

霊界も類は類をもってあつまる

人間は神の子、仏の子であり、人間の実相は円満完全であり、永遠の生命である。これが「縦《たて》の真理」だと谷口雅春先生が教示して下さった。「縦の真理」とは柱のことである。家を建てる時も、柱を先に立て、次に桁《けた》を横に張る。逆では家は建たない。

さて桁に相当するのが「横の真理」である。「横の真理」とは「心の法則」である。「類は類をもって集まる」「観《み》る（心の眼で観る、想う）ものは現われる」「恐れるものはみな来たる」「因果《いんが》の理《ことわり》」などと言われるものがこの「心の法則」であり、「横の真理」と言う。

「類は類をよぶ」とは、詩吟《しぎん》や俳句や短歌の好きな者は、それぞれ同好の者同士が集まる。音楽好きの人はどんな遠い場所からでも音楽広場に集まってくる。野球好きは野球場に観戦にくる。競馬好きは競馬場に集まってくる。不良グループも、暴力団も、暴走族もやはり集まって徒党を組む。このように、この世はすべて「類は類をもって」集まる。

類でないものは反発する。絶対あつまらない。気のあった仲間同士のグループ旅行は楽しい。老人会の旅行も「あの人が行くのなら行かない」という人もいるし、孫の自慢ばかりしたり、たくさんお金をもっていることを自慢ばかりする老人が旅行に参加すると、そういう人との同室は嫌われる。

これらはすべて「類は類をもって集まる法則」で説明できる。これは大宇宙の普遍的な真理であるが、霊界もこの法則が厳然として働いている。なぜなら、霊界も心の世界だからである。利己主義者は利己主義者ばかり集まる。ある人が言ったように、「利己主義者は利己主義者をもっとも嫌う」から、最も嫌いな霊魂同士が集まっているその霊界の一画は、地獄以外の何物でもない。

霊能者は霊界が見える。地獄界の中の一画には、汚い部屋で、汚いテーブルの回りで、汚い服を着た霊たちが争っている。地球にも様々な世界があるように、宏大な霊界にも様々な種類の世界があり、「心の法則」によって類は類をもって同じ波長の霊魂たちが集まっている。有名なスウェーデンボルグや他の多くの霊能者たちがそのことを報告している。

『死後の真相』――地獄界のどん底からの脱出

日本心霊科学協会から出版された『死後の真相』という本の中に、地獄霊の告白が書かれている。霊界通信の本を何千冊と持っている私の本棚の中で最も感動した本である。読者の皆さんに、「神よ！」と一声叫ぶことがいかに大切かということを知っていただきたいためと、死は恐くないということもわかっていただきたいので、ここに要約しながら引用させていただく。これは、一九一四年五月二十五日に霊能者が見た地獄に落ちた陸軍士官ワード氏の物語である。地獄でも悪業《あくごう》の限りをつくした霊の告白である。

吾輩《わがはい》にはとても地獄の最下層の惨《むご》たらしい寂しさを伝える力量はない。しかし吾輩のためにはそれが何よりの薬であった。あんな目に合わされなければ吾輩の本心に立ち返れるような根性の所有者ではなかったのである。……

最初、吾輩《わがはい》には、何等後悔の念など起こらなかった。胸に漲《みなぎ》るものはただ絶望、ただ棄て鉢。するとたちまち自分自身の生前の罪障《ざいしょう》が形態を作って眼前に浮かび出て、吾輩を嘲《あざわら》い責めるのだった。

「汝《なんじ》、呪われた者よ。眼を開けてよく見ておけ。もはや汝には何等希望の余地もない。汝はその生涯を挙げて悪魔の駆使に任せた。人間の皮を被《かぶ》った中の一番の屑《くず》でも最早、汝を相手にはせぬ」と自分の罪障があざけり宣言するのだからたまらない。一応その場面がすむと、今度は入れ代って闇の場面が現われた。全然寂滅そのもののような暗黒である。叫ぼうと思って口を開けても声は出ない。闇が口の中に流れこんで栓をするような気持ちである。

（著者注・私も戦時中、負傷して左肩に銃弾を受け、左肩半分から左腕を切断手術して、韓国の鎮海の野戦病院と言ってよいところにいたことはすでに述べた。敵の空襲警報があるたびに、空襲爆撃を避けるために山の中をくりぬいたトンネルの中へ衛生兵が担架で運んでくれるのだが、その担架の設計が下手なため、私の腹の上に上の重傷者の体の重味が乗ってくる。そのため息もできぬくらい苦しい。トンネルの中は爆撃を防ぐ扉がしまると長《なが》の闇である。光のない地獄のことは、以前に読んだことがあるので、「ああ、地獄とはこのように漆黒《しっこく》の闇なのか、重傷者の上へ重傷者を乗せるのだから、下の重傷者にとって地獄の責め苦である。それよりもつらいのは漆黒の闇であった）

「彼等の口は塵芥《ちり》をもて塞《ふさ》がるべし……」

と胸のどこかにこの文句の記憶が残っているらしく思われたが、文句の出所を捜す気にもなれない。とにかくさびしくて耐えられない。情けなくてしようがない。

たとえ鬼の鞭《むち》に打たれながらも、上の境涯《きょうがい》がどれほど恋しいか知れないと思えたが、それすら、もう高嶺《たかね》の花であった。とても歯ぶしのたたない絶対の沈黙漆黒の闇、吾輩《わがはい》にはとてもその辛い観念を伝え得る能力はない。

あなた方には上の境涯で八ツ裂《ざき》の呵責《かしゃく》に遇《あ》う方がよっぽど辛かろうと思えるかも知れ

ないが、決して決してそんなものではない。こうして幾世紀、幾十世紀の歳月が川の水の流るる如く流れていったように感じた。永遠の呵責、永遠の煉獄《れんごく》地獄、あの気味の悪い文句が吾輩の胸のどこかに鳴りひびいているように思われた。ここに入《い》りたる者はすべからく一切の希望を捨てよ——このダンテの文句なども吾輩《わがはい》の耳に響いていた。

しかり、一部の希望の放棄——吾輩はしみじみとその境涯《きょうがい》の真味を味わいながら独りぼっちで幾世紀の長い長い歳月を苦しみぬいたのである。しかしある時、バイブル（聖書）の中の文句が、俄《にわ》かに吾輩の干《ひ》からびた胸に浮かび出た。

「神よ神、汝《なんじ》は何故われを見捨て給えるか！」吾輩はこの瞬間までこの恐るべき文句の真意が解らずにいた。そんなことはトンチンカンな不合理なことだと思っていた。が、この時始めて電光石火的に神はすべての人間の苦痛——地獄のどん底に落ちている人間の苦痛をも知って御座《ござ》るにちがいないと気がついた。キリストの十字架磔刑《たっけい》の物語など信ずるも、信ぜざるもその人の勝手である。しかし神様だけは人間の苦痛の一切を知っておられるのである。——このことは吾輩、断じてそれが事実であることを保証する。

最初、この考えが吾輩の胸に浮かんだ時には、格別それを大切な事柄とは思わなかった。が、だんだん時がたつにつれて、これには何か大変深い意味がこもっていることのように思われて来た。吾輩は考えた――若《も》し神が人間の苦痛を知ってござる場合は、愛の権化《ごんげ》である神は人間に対して多少の憐れみを抱かれるはずである。むろん神はやたらにわれわれを助けるわけにはいくまい。枯れる樹木は枯れねばならぬ。しかし神さまはどこかにおいでになる以上、必ず吾輩《わがはい》のことを憐れんでいて下さるに相違ない。

信仰の芽生え。この臭い臭いどろどろの地面に漆黒《しっこく》の闇の中で何百年経っている私の心の中に、次第次第に新しい感情がむくむくと吾輩の胸に湧き出して来た。吾輩はどうしてこんなに馬鹿だったのだろう。なぜもっと早く後悔(筆者注・後悔でなく懺悔)して、地獄から脱《のが》れることに気がつかなかったのだろう。後悔(懺悔)すれば、神はきっとゆるして下さる。

しかし待てよ。地獄というところは永久の場所ではないのかしら……。果して地獄から脱け出すことができるのかしら……。

吾輩は考えて考えて考えぬいた。挙句《あげく》の果てには、何が何やらさっぱり訳が解らなくなってしまった。しかしどういうわけか、キリストのことを考えるのが一ばん愉快なので、吾輩《わがはい》はそればかり考えつめるようにした。公平に考えてみて、当時の吾輩にはまだなかなか純粋な後悔（懺悔）の念など起っていなかった。とも角、吾輩はよほどの馬鹿者でつまらなく歳月を空費してきたと考えた。

「いや、まて。吾輩は借金だけはきれいに返さねばならない。下らぬ愚痴は言わぬことだ」

そうするうちに、過去において吾輩が他人に施した多少の善事——数はあきれるほど少ないが。それでも、その一つ一つが他の不愉快きわまる罪業《ざいごう》の裡《うち》にチラチラ浮かび出て、吾輩の胸に一服の清涼剤を投じてくれた。それからもう一つなつかしかったのは、早く死に別れた母の記憶である。

「今頃、母の霊魂はどこにどうしておられるか」

母は吾輩の幼い時分に亡くなったが、しかしその面影ははっきりと胸にきざまれていた。

その母から教えられた祈祷《きとう》の文句。どういうわけか吾輩には、そればかりは思い出せなかった。他のことは残らず記憶しているくせに祈祷の文句だけ忘れてしまっているという全く不思議な現象で、世間の呪われたものには祈祷の文句だけ忘れてしまっているというのは当然かもしれぬと思った。

しかしこの事は吾輩《わがはい》にとって実に大きな方向転換の合図となるものであった。これからどうして地獄から脱出したかを順を追って話そう。

ともかく人間にとって第一の禁物は絶望である。神の御力はどこまでも届くのである。善人にも悪人にも死というものはない。永劫の地獄生活は死の近くにあるが、死とは関係ない。心が神に向えば脱け出ることができる。吾輩が何よりの証人である。

『死後の真相』――向上の第一歩

どれだけの間、吾輩があの恐ろしい地獄の闇に閉ざされていたかはさっぱり見当がつかないが、しかし自分にはそれが途方もなく長い年月、年代にわたるように思われた。が、とにかく吾輩は一つの霊感に達した。吾輩の呂律《ろれつ》のまわらぬ祈祷《きとう》でも神の身許《みもと》に達したらしい。

神にすがれ　神より外に汝《なんじ》を救い得るものはない。

神に縋《すが》るということは当時の吾輩にとってはほとんど奇想天外の感じであった。吾輩の生涯はいかに神から遠ざかるか、ただその事ばかりの生涯だったからである。いくら何でもその正反対のこと（祈り）をするなんて自分でもあまりに勝手が違いすぎるようだった。

どうすれは神に近づけるか、どうすればこの海綿状態の泥から這いあがり、漆黒の闇から抜け出せるか。

祈祷に限る。

一旦はそう思ったが、しかしやはり困った問題が起きた。さっぱり祈祷《きとう》の文句を覚えていないからだ。散々苦しみぬいた挙句《あげく》に、ちょうど一つの霊感みたいに唇から、

「おお　神よ　われを救い給え」

という一語が吐き出た。すると後は楽々と次から次へと称《とな》え出した。吾輩《わがはい》は同じ文句を何回となく繰り返した。

それから続いてどんなことが起こったか。またどういう具合に地獄のどん底から上に抜け出られるようになったか。これを地上の人間に解るように説明することは容易でない。ともかく祈祷《きとう》の効果は誠に著《いちじる》しいもので、何とも言い知れぬ心地よい温味《あたたかみ》がポーッと体中に行きわたり、だんだん強烈になってきて最後には少々熱すぎるくらい、ちょうど体中に火がついたような感じで、祈れば祈るほど熱くなるのでしばらく祈祷を中止した。

吾輩《わがはい》の体の重量が少しずつ軽くなることで、同時に自分は海綿状の闇の中をフワリフワリと上の方へ昇りはじめた。あんなお粗末な祈祷《きとう》でも、吾輩の体にこびりついた汚い粗悪物《そあくぶつ》が少しずつはがれはじめ焼けおちていく感じで、どんどん上昇しはじめたのである。

この霊（陸軍士官ワード氏）の物語はまだまだ続くが、ここで止めることにする。この物語は、さらにこの他、ずっと地獄界からの脱出で困難や危険な目に遭《あ》うごとに、神に祈って脱出に成功する話が続く。また、地獄の図書館、病院や愛欲の町やら数ヵ国の街を通りぬけるのだが、そのたびに神に祈って難関を通過していくのである。

地獄の霊界

また、ある霊能者は地獄界の様子を次のように紹介している。

「私はドームを脱け出して歩きだしました。そのとたん、はなはだしい熱気が全身に襲いかかってきました。地表から火炎が湧きあがってくるほどの熱気です。あたりには一木一草もありません。それどころか、毒々しい赤黄色の砂漠が広がり、まったく殺伐《さつばつ》そのものです。

大地は焦げつく熱風を吹きつけ、立っていられない灼熱感が足裏を焼きます。サウナ風呂どころではありません。狂気の熱暑としか言いようがないのです。足もとは熱砂に焦がされて、のんびりと歩いていられません。人影もない炎熱の砂漠地帯です。

と、いきなり火山が爆発したように、周囲一帯に真赤な火の粉の雨が降ってきました。

私は避難しようと掩護物《えんごぶつ》を求めてあわただしくあたりを見まわすと、岩陰かなにかが動きました。冷静さを取りもどして、気配をうかがいながら用心深く近づいてみました。

そこには深い空洞が大きな口を開けていました。穴は漏斗《じょうご》状に広がり、下方にはまた別の凶悪な世界が限りなく続いているように見えます。

鋭いうめき声が響いてきます。恐る恐る洞穴《どうけつ》の入口から下に広がる世界をのぞきこみました。そのとたん、ものすごい熱気——熱気というよりは火炎そのものが、ぐわっと噴きあがり、顔を焼きつくされるように感じました。私はとっさに岩陰に縮《ちぢ》こまりました。

ところが私と同じく洞穴のきわにいた男は、突然の火炎に仰天し、避ける余裕もなく足をふみはずし、火の噴流に吹きとばされ、もんどり打って洞穴の中へ転落して行きました。

火の風のやんだ穴をのぞきこんで見ると、下では何百何千もの人たちが燃えあがる業《ごう》火《か》の中で苦悶しています。ひしめきあい、われ先に洞穴《どうけつ》の外へ出ようと互いの体の上によじのぼり、踏みつけ　足をひきずり落とそうとして、もみ合っています。

彼らのあげる苦悶のうめき声、泣きわめく絶叫、悲鳴は、とうてい人間の口から出るものとは思えません。ほとんど全裸のまま凄《すさ》まじい炎にあぶられ脂汗《あぶらあせ》を際限なくしたたらせています。必死に助けを求め、逃れようと狂いまわっています。

しかし、彼らの頭上の岩に立っている獣人のような魔王の配下たちは、はい上ろうとする者たちを無情に刺股《さしまた》のような得物で突き刺し蹴り落としているのです。そのむごたらしさ、悲惨さは私の想像したこともないもので、胸が苦しくなりました。

業火《ごうが》に焼かれている彼らは、この世に生きている時無慈悲に徹してきた魂たちです。人を、そして自分をも信じることのない生を終えた人間たちなのです。

再び、ものすごい熱の噴流が穴の底から火の粉を巻きあげて、吹き荒れはじめました。さきほどの火の雨は穴の底から間歇的《かんけつてき》に噴出する火炎流であり、この世界を灼熱させている火の嵐だったのです。

だれかが私に呼びかけていました。振り返り、声の主を目にした私は愕然《がくぜん》としました。茶褐色の乾燥しきった姿はミイラ以外のものではありませんでした。ミイラそのものです。

すべての表皮はめくれあがり、肉はひからびて縮み、頭髪は燃えつきて灰と化しています。

しゃれこうべの落ちくぼんだ眼？　に光る目の中には憎悪の炎が燃えさかっていました。

彼はまだ気づいていないのです。その憎悪の眼こそ、己《おのれ》を焼き、苦しめている元凶《げんきょう》であることを。

私はつらい気持ちでドームを去りました」（高橋圭子著『真創世記　地獄編』）

地獄は仮の世界であり、本来ない世界である。「三界《さんがい》は唯心《ゆいしん》の所現《しょげん》」だから、自分自身の心を変えれば即時に逃れうるところである。

火の車だれもつくり手なけれどもおのがつくりておのがのりゆく

地獄へ行くときは、「火の車タクシー」が迎えに来るが、自分がつくったタクシーだから当然無料であるが、ここに紹介したような地獄は、極悪非道な人間たちの行く最下層の地獄である。人を苦しめ、憎み、悪逆な行為が、死後どんな目に会うかを百年、千年と体験するのである。その意味で、地獄は「心の病院」であり、「心の手術室」であり、「心の学習所」である。

大霊界から見れば、地球は砂浜の中の砂一粒くらいであって、霊能者によってはその広大さの故に意見が違う場合が多い。それは見てきたところが異なるからだ。Aの霊能者とBの霊能者の観方が違うからと言って、どちらかが間違っているということではない。両方とも正しい場合がある。それは低級霊界でも何万種類、邪霊・悪霊界も何万種類、そして高級霊界でも種類が数多いので、A氏とB氏の意見が違うからと言って間違いではない。ただし低級霊の霊言や、悟ったような霊言は、断乎断ち切り《だんこたちき》蹴とばすくらいの見識が必要である。

因果は巡るということ

ニール・ドナルド・ウォルシュという人が書いた『神との対話』という本がある。おそらく「神」といっても高級霊であろうが、この著者が「神」に質問する。

「輪廻転生《りんねてんしょう》ということがあるんでしょうか？　私は過去に何度くらい生まれ変わったのでしょうか。過去の生でわたしは何だったのでしょうか。『因果応報』というのは現実でしょうか。（中略）」

「神」なる声は答える。

「過去世《かこせ》の経験について、充分に信頼できる情報源からの報告がたくさんあるのではないか。驚くほど詳しく昔の出来事を説明している人たちもいる。（中略）

正確な回数を知りたいというなら、あなたは過去に六四七回生きている。今の人生は六四八回目の人生だ。あなたは過去にすべてを経験した。王、女王、農奴、牧師、生徒、主人、男性、女性、戦士、平和主義者、英雄、臆病者、殺人者、救済者、賢者、愚者、あなたはそのすべてであった。

いや、あなたがたずねているような意味では、因果応報、因果《カルマ》の債務ということはない。債務というのは返済し償《つぐ》ないをしなければならないということだ。だがあなたには債務はない。

しかし、あなたがしたいと思うことはある。選びたい経験はある。場合によっては以前に経験したことにもとづいて選択をする。以前に経験したことから欲求が生まれる。

あなたの言う因果応報、因果《カルマ》(筆者注・業)に近いというのはそれだろう。

因果《カルマ》(著者注・自分の)が良くなりたい。大きくなりたい。発達し成長したいという内的欲求をさすのであれば、そしてその物差しとしての過去の出来事や経験を眺めるということであれば因果《カルマ》(著者注・業)は存在する」

ここでいう「内的欲求」とは自らを償なうための「内的欲求」であり、そのために今《こん》生《じょう》でこの運命を選んでくるのであろう。

アメリカのエドガー・ケーシーは三万人以上の前世を霊読した。それを読むと、今《こん》世《ぜ》、極端に背の低い人は前世《ぜんせ》で背の低い人をさげすみ軽蔑したからであるとか、ニューヨークのあるデパートの売子に、この世に二人といない指のきれいな女性が指輪売店コーナーにいるが、ケーシーがこの女性の前世を霊読したら、この女性は前世で修道院にいていつもいつも便所掃除を喜んでしていたから、今世は容貌のみならず指先がすばらしくきれいなのだ、と言っている。

また半世紀に一人という美しい女性エリザベス・テーラーは男に五回もだまされ、虐《しいた》げられたけれども、どの男にも誠心をつくし愛をつくして生きたので、今世はあのような美人に生まれたのだ、と言っている。

無限の智慧と無限の愛でいらっしゃる創造主は、なぜこのような因果の法則をお造りになったのかと思う方がいるだろうが、無限智・無限愛の神さまは現象世界のこのような悲惨、貧乏、病気、戦争、犯罪、死、迷い、苦悩を造られるはずはない。

釈尊は、「この世は無明縁起《むみょうえんぎ》といって、無明(迷い)が縁となって、この世はあるのである。仏さまのお創りになった実相世界は円満完全、壮厳無比、至美至妙、浄無垢《じょうむく》の世界なのだよ」と仰《おお》せられ、『法華経《ほけきょう》』の中にきちんとお訓《さと》しになっている。

谷口雅春先生は、繰り返し繰り返し、人間の本体は神の子・仏の子で、その実相は法《ほっ》身《しん》、仏身《ぶっしん》、金剛身《こんごうしん》、如来身《にょらいしん》の実に尊い実相身《じっそうしん》であると、一生涯説きつづけられた。

このすばらしい実相世界は、厳然として今も在《あ》るのだよ、と『詳説《しょうせつ》 神想観《しんそうかん》』の中にお書きになっておられる。

「生命の実相を知る者は

因縁を超越して生命本来の歪《ゆが》みなき円相的自由を獲得せん」

と、谷口雅春先生の『甘露《かんろ》の法雨《ほうう》』には書いてある。

これは、人間は神の子・仏の子であって、本当の私は円満完全で、この現象界の因縁《いんねん》業障《ごっしょう》は本来無いのだ、仮の姿だと悟ると因縁業障は消えていくのだという実に尊い教えである。

母に殺意を抱く女性

さて、ある日のこと、私の家へ五十代後半の美しい女性が個人指導を受けに来られた。以下本人のコトバで話す。

「先生、私はN市の人間ですが、現在T市に住んでいる山本(仮名)というものです。私が中学校一年のとき、実家の北側に納屋《なや》(農作業場)を建てました。この土地は自分のものと信じて建てたのです。ところが背戸地区の西の方にある山本家(仮名・後の婚家先)から、その作業場の土地の半分は山本のものだと地籍調査書やら登記簿謄本やらをもって来て、私の家にどなりこんで来たのです。

父と母は、毎日、毎日、山本家と争ったり、話し合ったりしましたが、話し合いがつきません。そのうち、山本の家の母が、

『お前とこの、あの中学生の娘(その時、私は中二になっていました)をわしの所へ嫁によこすなら、この話はなかったことにする』

と言ったのです。私の母は、愛とか情なんか一かけらも無いような母親で、欲に目がくらんでいたものですから、『そうか、そんなら、わしの娘を嫁にやるばい』と約束して、話にけりをつけて帰宅するや否や、『良子(仮名)や、納屋《なや》の土地の話はけりがついたぞ。

お前が背戸の家に嫁にいけば、全部帳消にすると言うとったぞい』『なんで私が納屋の代りに背戸の家へ嫁に行かにゃならんの、いやよ』と言ったら、私の母はそばにあった薪《たきぎ》(当時はまだいろりに薪をもやしていた)の棒で私をなぐりつけながら、『親が決めてきたことに、なに文句いうか。だれのおかげで育ったのじゃ、大きくなったのは誰のおかげじゃ』と、今度は背中と尻をなぐりつけた。痛さのあまり、『わかった、わかった』と言ってその場をしのいだのです。

私が高校三年のとき、背戸の母親が『良子をくれるんだね』と確認に来たのです。その時、再び母が、『今日、背戸の山本家のおっ母がお前を嫁によこすこと間違いないかと確かめに来たぞい。お前、嫁に行くのだろう』『なんで私が好きでもない人に、しかも納屋の土地の代りに(嫁に)行かんならんがけ、お母さん、勝手に決めるのはおかしい』といったら、やにわに、そこにあった物差しで、『この親不孝者め、中学のときに承諾したから、わしゃ、背戸のおっ母に返事しといたがじゃが。お前はどこへもやらん、山本の家じゃ、もう決まっとるがりゃ』

と、どなりながらなじりつづけた。私は泣く泣く二階へ逃げたが、この時から母を恨む気持ちは一日ごとに強くなり、今でも消えません。

高校を卒業してから二年も経たないうちに、結婚の日取りも勝手に決められてしまい、私は泣く泣く山本家へ嫁に行きました。その後、子供も二人できました。いちばんつらかったのは、山本の家の強欲さ、ケチなことです。ケチどころかケチなんです。

高校の同級生たちの生活をみては、私は毎日毎日泣いて暮らしました。しかもその家の働きといったら、朝は四時、夜は七時や八時まで働くのです。

しかし、この家はこんなにケチしても、舅《しゅうと》は首を吊って自殺し、夫は交通事故で亡くなり、実家の父も自殺しました。二人の子どものうち、一人は病気で亡くなりました。山本の母は夫の弟とくらしています。私は今T市に住んでいますが、先生にご指導を仰ぎたいことはこれから話します。

生長の家では『すべての人、物、事に感謝せよ』と言うでしょう。特に『神に感謝しても、父母《ちちはは》に感謝し得ない者は神の心にかなわぬ』と教えられますね。ところが私は実家へ帰ると、母が憎くて憎くて、夜、床へ入っても眠れません。包丁が台所のどこにあるかも知っているし、この憎たらしい母を一思いに殺してやりたいという心でとても寝付かれないのです。

母を殺すことは悪いと思う心よりも、もし母を殺せば私は刑務所に入り、息子は恥しい思いをして会社へ行くだろうという心の方でブレーキをかけて、やっと眠るのです。

Ｔ市へ移ってから時々母が来たり実家へ行って泊まることがあるのですが、母を殺したいという心が消えません、先生、どうかこの恨み心を消すか、母のところへ行っても包丁を持たぬような心にして下さい」

と良子さんの話は終わった。

いろいろと個人指導をしたが、殺意を消す話は初めてであった。以下、山本良子さんとのやりとりである。

「山本さん、人間の実相《じっそう》は神の子・仏の子で、悪い母、憎たらしい母はいないのです。これはあとから詳しく話します。

さて、人間の世界つまりこの世に誰もが会う『四苦《しく》』について話します。『愛別離《あいべつり》苦《く》』愛し合っている人もいつかは別れねばならぬ苦しみ、『求不得苦《きゅうふとくく》』求めようと思っても欲しいと思っても得られぬ苦しみ、『煩悩盛苦《ぼんのうじょうく》』食欲、性欲、睡眠欲、名誉欲などをおさえる苦しみ、そしてあなたの苦しみでもある『怨憎会苦《おんぞうえく》』怨《うら》んでいるもの、憎しみあっている者同士が会う苦しみ、の『四苦《しく》』です。

仏さまは無限に赦《ゆる》されるでしょう。母と子であるあなた方二人は、赦すという神の性、仏の性になるまで、何十回も会わねばなりません。『相従共生《そうじゅうぐしょう》』と言って『相従《あいしたが》いて共に生まれる』と書きます。

これはお釈迦さまが説かれたお経にあるのです。もし山本さんがお母さんを赦さぬ限り、何万年にもわたって、二人が友人か、姉と妹か、親子か、夫婦となって憎しみ合わねばなりません。これはもうきびしい法則ですから、逃れることはできませんよ。

実はあなたも前世《ぜんせ》において、今のお母さんよりももっとひどい母親だったのです。今の世に子供を虐待する母が多いでしょう。あの母親は因果を知らないから、子供を残酷に扱うのですが、やがて生まれ変わって、こんどは自分がやられることを知らぬのです。それはともかく、あなたはこの母以上に前世《ぜんせ》でひどい母親だったのですよ。わかりますか?」

「わかりません」

「それじゃ、ここに輪廻転生《りんねてんしょう》の本があります。この本の中に、アメリカのあるところに父親と娘が憎しみあっていた話があります。特に娘が父親を殺してやりたいほど憎み、ピストルで射ち殺そうとまで思ったこの娘は、ホイットマン博士のところへ行って退行《たいこう》催眠術をして解決してもらおうとしました。

退行催眠術というのは、人間に催眠術をかけて、現在の意識をすべて捨てさせて潜在意識だけにすることです。（催眠術の説明をわかるようにする）そして、退行催眠術をかけて、五歳くらいの女の子にまで逆戻り（退行）させて質問します。

『あなたは今どこにいますか？　どんな服を着ていますか？』

『私はアメリカの○○州にいて、赤い服をきています』

『それでは赤ちゃんに戻って下さい』

と言って赤ん坊に戻し、母乳を飲んでいるところまで戻し、

『それでは、赤ん坊になる前のあなたの人生に戻って下さい。（前世に戻らせる）はい、あなたは今どこにいますか？』

『今、ドイツにいます。私はイギリス軍の将校で、私は殺されて地面に寝ています』と

この娘は答える。

要約すると、この娘は前世で英国の陸軍将校だったが、第一次世界大戦でドイツ軍の捕虜となり、英国軍の戦力、戦略作戦、軍隊組織を白状するように命ぜられたが、断固として断ったので、生爪《なまづめ》をはがされる拷問に会い、遂に打ち殺されたのです。

それが今世《こんぜ》生まれ変わって、殺したドイツ軍将校が父となり、殺されたイギリス軍将校が娘となって一家に暮らし、いわゆる『怨憎会苦《おんぞうえく》』として『苦《く》』を味わっているのです。

ホイットマン博士は、この娘に向かって『あなたの今世の宿題はただ一つ、父を赦《ゆる》すということです。でないと、あなたは天国へ行くのに数千年はかかりますよ』と指導しました。

娘は父を憎んだ理由がわかり、父を赦《ゆる》そうと決心しました。すると即座に娘のノイローゼは治り、家庭生活も娘の人相もよくなったのです」

「山本さん、あなたの今世の宿題は、母を赦すこと、自分をも赦すということですよ。でないと、極楽へ行くのにあと二千年もかかりますよ」

と説得した。この他、数例をあげて説明し、私はまた次のように語った。

前世で立場が逆転していた話

「さて、山本さん、これから大切なことを話しますよ。人間は神の子・仏の子だから本来罪を犯したり、迷ったり苦しんだりしないのです。親鸞聖人《しんらんしょうにん》は、『罪業因《ざいごうもと》より形なし。妄想顛倒《もうぞうてんどう》のなせるなり。心性因《しんせいもと》より浄《きよ》けれど、この世に誠の人ぞなき』といわれ、罪とか業《ごう》とかは、もともとないのである。縁にふれて悪心がおこったり、悪友という縁にふれて悪いことをするのですよ。『甘露《かんろ》の法雨《ほうう》』にも『罪は無い』とくり返し書いてありますね。罪があるようにみえるだけですよ。お母さんは何かの縁にふれて物欲が出てきたのです。本当はよい人なのです。だって一〇〇パーセント悪い人間なんてこの世にいないですよ。青空の雲はひょっこりと生まれ、雨になって消えていく。青空しかないのですよ。雲はあるように見えるだけです。悪い母親はいない。今、仮にあなたを仏にするために、あなたの前世の業《ごう》を消すための観音さまとして現われたのですよ。

末井《すえ》勉《いつとむ》という生長の家の地方講師がおられました。この先生は、霊とか因縁とかを強調する方でしたが、個人指導の解決では抜群の力がありました。もう何年も前に亡くなられました。霊能者でしたがお金は一円もとらず、実相直視《じっそうじきし》と感謝の話をして、決して単なる霊能者ではなく立派な方でした。その先生が『因果昧《いんがくら》まさず』の話をされたとき、次のように話されました。

和歌山県での講演のあと、個人指導をされたときのことです。一人の若い女性が、『私の姑《しゅうとめ》は気が強く、いつも私に無理難題を言い、苦しめるのです。この間も私の首に焼火箸《やけびばし》をあてて怒るのです。それがこの火傷《やけど》の痕《あと》です』と言って、末井先生にその痕《あと》を見せた。江戸時代ならいざしらず、この時代にこんな家もあるのかと末井先生は驚かれました。

『私たち夫婦が寝物語をしていると、がらりと戸を開け、『何を話しとるんじゃ、早く寝ろ』と意地悪をする。『戸を開けたままにして寝ろ』といって、夫婦生活を邪魔するのです、と言う。

末井先生はあまりのむごい仕打ちにびっくりされたが、そこで真剣に祈られた。『神よ、この可哀相《かわいそう》な嫁を救う力を我《われ》に与え給え。本来、神の子同士の二人は調和しているのでございます。ありがとうございます』と、真剣に命がけで神に祈ったそうです。すると末井先生の眼の前に前世《ぜんせ》の二人の姿が現われた。前世では、二人の関係はまったく逆で、今の姑《しゅうとめ》は嫁で、今のこの女性は姑だったのです。

さて家の前に大河がある。洪水かと思われるくらいの水が流れている。そこで嫁が何か洗濯をしている姿が見える。そこへ姑(この女性の前世)が前後左右を確かめながらうしろから来て、嫁を川へつき落とすのが見える。つき落とされた嫁はアップアップしながら沈んでいってしまった。

末井先生は思わず、『お前は嫁を川へつきおとしたなっ!』と怒鳴《どな》ってしまった。すると、なんとこの女性(前生《ぜんせ》の姑)は、『お母さん悪かった。堪忍《かんにん》してください』と叫んだのです。それを聞いた末井先生は、跳び上がるくらいびっくりしたそうです。『わかればそれでよろしい。あなたは前世で、その時、嫁であった今の姑さんを川へつき落としたのだよ。さあ、家へ帰って洗いざらい白状してあやまるのだよ。必ず仲良くなれる』と言って帰した。

翌朝、昨夜の嫁が末井先生の宿までやって来て、『先生ありがとうございました。家へ帰るや否や、畳に手をつき頭をすりつけ、『おかあさん堪忍して下さい。私は前の世でお母さんを川へ突き落としました。どうぞ堪忍《かんにん》して下さいませ』と泣いて泣いて謝りましたところ、姑さんは『うん、うん、そうかい、わかればそれでよい』と言って、『わしも悪いんじゃ』と言って何も言わなくなり、泣きつづける私の肩に手を置いて、『もういいよ、泣くな、わかったけに』と言って、肩を二、三回なでてくれました。こんなことは嫁に来て初めてです。ありがとうございました』と言って、泣いてお礼を言ったそうです。

まことにこれは非科学的なことかも知れません。末井先生お一人の体験で何の根拠もない話ですが、しかし論より証拠です。この女性の懺悔《ざんげ》が何よりの証拠です」

遂に母親と和解する

「どうですか、山本さん、これでおわかりになりましたか。過去世《かこせ》の自分と今の自分とは関係ないと思いますか？　人間は過去を背負って生きているのです。いいですか、若い時、素直で真面目に勉強して努力して、一流大学へ入って一流企業へ就職したらすばらしい嫁が来た。よい子を生んでくれた。どうですか、これも過去の積み重ねでしょう。過去が流れ流れて今ここにあるでしょう。『因果《いんが》の法則』があるから人は努力するのですよ。『因果の法則』がなかったら、この世は滅茶苦茶で、誰もよいことをしなくなるでしょう。

ともかくお母さんを赦《ゆる》せなければそれでよい。本当のお母さんは仏なのだ。実相《じっそう》のお母さんは本当はよい人だったのだ、と心の眼で観《み》ることですよ。一秒間でも憎しみの心が沸いたら、『実相円満完全、実相円満完全』と言うことです。

また山本家の姑《しゅうとめ》さんも、中二にしては美人のあなたを見て息子の嫁にしたいと思うのは女親として当然でしょう。ぜひ欲しいと思うから、そのような条件をつきつけたんですよ。『親なればこそ』と思って姑を赦してあげなさい」

そう言って、私は、その他に画や図式などを使って、「罪本来なし」を説いたところ、納得し帰られた。

それから二ヵ月後、別の講演会場に山本さんが来られ、「おかげで、生まれてはじめて母親に笑顔で話せるようになりました」とのお礼の挨拶をされたのであった。

「霊がとりついている、助けてください!」

ある時、運送会社に勤めている一人の青年が「頭のまわりに無数の霊がいる、体にも何十体の霊がとりついでいる。助けてほしい」と私の家へやってきた。

もちろん、私は霊能者ではないが、どこかで私の噂《うわさ》をきいて訪問したようだ。算数が分かる人だけ分数を教えられる。霊界の法則がわかる人だけ霊のことを教えられる。やってみようという気になって、この訪問者を私の前に坐らせた。

「苦しいのかね」ときいたら、「自殺したいくらいです。もう　耐えられない苦しみの連続です」と言う。

私には霊能力を持ち合わせていないが、しかし、この青年の苦しみを思うと、何とかせねばと、次のような順序でやってみた。

1、『般若心経《はんにゃしんぎょう》』二回読誦《とくじゅ》

2、『顕浄土成仏経《けんじょうどじょうぶつきょう》』(『阿弥陀経《あみだきょう》』の訓訳したもの)

3、『甘露《かんろ》の法雨《ほうう》』(生長の家の聖経)

3、霊に向かって説教する

私は、霊にむかって次のように真心をこめ、熱意を迸《ほとぼら》せて話しかけた。

「○○○○に憑依《ひょうい》しているみ霊《たま》たちよ、あなた方は、今、霊の世界にいるのに気がつかないでいる。そこは霊界なのです。現象界は夢幻《ゆめまぼろし》の世界、夢の世界である。『般若心経』に『五蘊《ごうん》は皆空《かいくう》なり』と書いてある。『全ては無』という言葉が十六回も書かれてある。『眼に見える世界は無いんだぞ』というように、すべては無いのである。霊の世界は現象界だから、あなた方の世界も無いのですよ。

禅の覚りでは執着を捨てよとある。さあ、今こそ憎しみ、呪い、嫉妬、怨念を捨てて、『ああ、あれは夢だったのか』と捨てることです。捨てなかったら、高くて明るくて美しいところへは行けませんよ。自分の本体は霊であり、仏であったと覚れば、ただ、それだけで明るいところへ行けるのですよ。

現象界の肉体人間に憑依《ひょうい》しているかぎり、高くて、明るくて、美しいところへは行けませんよ。ともかく、肉体人間にとりついて人を苦しめた因果《いんが》は、神はゆるし給わぬのですよ。

○○君に憑依している霊《みたま》さまよ、

血の出るような思いで『阿弥陀仏《あみだぶつ》、たすけ給え』と申して下さい。私と一緒にとなえましょう。『南無《なむ》』というのは、『一体だ、一つだ』という意味です。『アミダブツ』というのは永遠の生命、無量寿《むりょうじゅ》ということです、この永遠の生命の根源である宇宙神と私は一つであるという一大宣言が念仏です。さあ、称《とな》えましょう」

『南無阿弥陀仏　南無阿弥陀仏』（以下三十～四十回称える）

私の霊への説教中、彼は苦しみで、へどを吐く仕草をしてころげまわり、のたうちまわっていた。しかし、この念仏中に、彼が、

「先生　念仏の力で、一番大きな黒い霊がぬけ出ていきましたよ。『般若心経《はんにゃしんぎょう》』をあげて、もう一回念仏を連発して下さい」と言う。

「まだ、ずいぶん、いるかね？」

「たくさんおります。しかし、私の腰や、胸にいる霊が、頭のまわりまで上がってきました」

そこで私は再び『般若心経』を誦《あ》げ、念仏を称《とな》えはじめる。念仏を称えることで、人間の本体である霊が阿弥陀《あみだぶつ》仏と一体となる、仏と一体となる、となえているその人は極楽にいる、ということでその人は光となるのである。光となり、仏となるから、悪霊、非成仏霊《ひじょうぶつれい》　邪霊　低級霊は明るさの中へほうりこまれてしまうのである。

おそらく、迷いの霊たちは、眩《まぶ》しくて居たたまれないのであろう、「次々と私の体からとび出していくのがわかる」と、その青年は言った。

念仏で邪霊を追い払う

万巻の仏教経典を圧縮し、凝縮《ぎょうしゅく》し、凝固させると、「南無阿弥陀仏《なむあみだぶつ》」「南無妙法蓮華経《なむみょうほうれんげきょう》」「南無釈迦牟尼仏《なむしゃかむにぶつ》」「南無光明遍照《なむこうみょうへんじょう》」となる。

人間の本体は仏なのであるから、自分とは阿弥陀仏(無量寿《むりょうじゅ》、無量光《むりょうこう》)と一つであると宣言すれば、コトバの創化力で、自分自身が阿弥陀仏と一つ、阿弥陀仏そのものになる。自分が阿弥陀仏となれば、自分の周囲は光そのものになり、成仏《じょうぶつ》を願う亡者《もうじゃ》を救いとることができるのは間違いない。

「私も光、あなたも光」と念じて念仏をとなえる。弥陀の光をうけて自分の体からサアーと光が相手に射しこんでいると強くイメージ(想像)されたらよいのである。

自分と阿弥陀仏を分離し、別けへだてて念仏をとなえるのは、親鸞聖人の真意を知らぬ人である。

憶念阿弥陀仏本願　自然即時入必定

（阿弥陀仏の本願を憶念《おくねん》（思い念ずること）すると、自然と即時に必定《ひつじょう》（悟り）に入る）

この言葉を素直に読み解けば、自然に、巧《たく》まずして、そのまま、間髪《かんぱつ》を入れずに、その瞬間に成仏するのである、という意味になる。私は別に異説を立てているのではない、親鸞の言葉を心読すればそうなるのである。

「われ阿弥陀仏と一体となり、光明燦然《さんぜん》たる光にあふれている。この光が非成仏霊にさしこんで、諸々《もろもろ》の垢をおとし、その実相《じっそう》を輝かすのである」

とくり返し、くり返し、念じて大声で宣言するのである。

私は、日夜、霊耳、霊聴で苦しんでいるＤ君にも、このやり方で救ったことがあった。

「わが全身光明遍照、十方世界光明遍照、われは神（仏）の光をうけて、その光と一体となって、あなたを強く強く眩《まぶ》しく照らし、浄化するのである」

とくり返して、邪霊を追いはらったことがある。

念仏、題目《だいもく》、真言《しんごん》の功徳力《くどくりょく》は、このように大きな功徳、効果があるのだから、常住《じょうじゅう》坐臥《ざが》、つまりいついかなるときも行《ぎょう》じられることをおすすめする。

弘法大師《こうぼうだいし》は、「真言は不思議なり、観誦《かんじゅ》すれば無明《むみょう》(迷い)を除く。一字に千理をふくみ、即身に法如を証す」と言っておられる。わからなくともよい、真心で一心に唱えればよい。意味がわからないと救われないとすれば、学者しか救われないということになる。

天国の霊界

私が見た夢の中で、「これは霊界の景色だ!」と思わしき夢を二度見た。夢は普通、白黒であるが、その二度の夢は総天然色カラーであった。最初の夢は霊界の山々が映し出され、その高いこと、その白く美しいこと、富士山どころではなかった。とても言葉では言い表せなかった。次の夢は霊界の海水浴であった。私は空を飛び回り、水着を着た女性もおれば、着ていない女性もいたが、みな実に美しい。その女性たちが美しい海と浜で泳いだり遊んだりしていた。

親鸞聖人《しんらんしょうにん》は、
能発一念喜愛心《のうほついちねんきあいしん》
不断煩悩得涅槃《ふだんぼんのうとくねはん》
（能《よ》く一念に喜愛心（感謝、喜び、他を愛する心）を発《おこ》せば、煩悩を断《だん》ぜずして涅槃（悟りの境地、浄土もふくむ）を得《う》）

とおっしゃいました。仏は愛である。弥陀《みだ》の浄土へ入りたければ、愛に生きることである。そこは誰もが愛深い人ばかりである。谷口雅春先生も「神は愛なり」と教えておられる。神さまと同じグループに入りたければ、愛に生きることである。

極楽とはこんな世界

死んで高い霊界に行く人はもちろん徳を積んだ人であるが、すでに紹介した丹波哲郎氏に言わせると、明るい人（笑い）、素直な人（ハイ）、あたたかい人（愛）が行く。極楽行きの切符はこの三枚で一セットになっているそうである。

私に言わせるともう一枚必要である。それは感動する人である。「いい音楽だなあー」「きれいな花だなー」「すばらしい景色だなあー」「素敵なデザインだなあー」「いい話しだなあー」「いい本だなあー」「ありがたいなあー」「偉い人だなあー」と感動する人である。

『阿弥陀経《あみだきょう》』に、

「その時、仏は長老舎利仏《ちょうろうしゃりほつ》にお告げになった。『これより西方《さいほう》に十万億土という無数の仏の国土を過ぎて極楽と名づける世界がある。その国に仏がいて、阿弥陀という。阿弥陀仏は現におられて説法されている。舎利仏よ、かの国土を何故に極楽と名づけるか。その国の衆生《しゅじょう》は、もろもろの苦しみがなく、ただもろもろの楽しみのみをうけるのである。この故にその仏土を極楽と名づける。

また舎利仏《しゃりほつ》よ。極楽国土には、七重《ななえ》の欄干《らんかん》、七重の薄絹《うすぎぬ》、七重の街路樹があって、金、銀、青玉、水晶の四種の宝石をもって飾られ、いたるところにめぐらされている。この故に、その国を名づけて極楽という。

　また舎利仏《しゃりほつ》よ、極楽国土には七宝《しっぽう》の池があって、八種類の功徳《くどく》のある水がその中に充満《みち》ている。池の底にはもっぱら金の沙《すな》をしきつめてあり、池の四辺の階段は、金、銀、瑠璃《るり》、玻璃《はり》を合わせてつくられている。階段の上には楼閣《たかどの》があって、また金、銀、瑠璃、玻璃、硨磲《しゃこ》、赤珠《しゃくしゅ》、瑪瑙《めのう》をもって荘厳に飾られている。池中の蓮華《れんげ》は車輪ほどの大きさで、しかも青い色には青い光、黄色には黄色の光、赤い色には赤い光　白色には白の光があって、すぐれて美しく、香り高く潔《きよ》らかである。舎利仏よ、極楽国土には、このような荘厳な功徳《くどく》がみちみちている。

　また舎利仏《しゃりほつ》よ、かの仏の国土は常に天楽がきこえ、地は黄金でできている。昼夜に六ぺん、曼陀羅華《まんだらけ》(天の華《はな》)が雨《ふ》る。その国の衆生《しゅじょう》は常に静かな朝に、おのおの花を盛る器に、もろもろの妙なる天の華を盛り、他方の世界の無数の仏を供養し、昼前に本国に還って食事をとり、瞑想の間に経を唱えながら歩き廻るのである。舎利仏よ。極楽国土にはこのような荘厳な功徳《くどく》がみちている。

　また次に舎利仏よ。その国には常に種々の珍しい、美しい、さまざまの色の鳥がいる。百鵠《びゃくこう》(鶴の一種)、孔雀《くじゃく》、鸚鵡《おうむ》、舎利《しゃり》(百舌鳥《もずちょう》と訳す)、迦陵頻伽《かりょうびんが》、共命《ぐみょうみょう》(命々鳥《みょうみょうちょう》ともいう）の鳥である。これらの鳥は昼夜に六ぺん、やさしく優雅な声で鳴く。その声はさとりに至るさまざまな修行についての方法を演《の》べるのである。その国の衆生《しゅじょう》はこの声を聞きおわって、皆ことごとく仏を念じ、僧を念ずる。

舎利仏よ、汝《なんじ》は、これらの鳥は罪の報いによって鳥に生まれたなどと思ってはならぬ。なぜなら、その仏の国土には地獄、餓鬼《がき》、畜生《ちくしょう》の三悪道《あくどう》は無いからである。舎利仏よ、その仏の国土には三悪道という名さえない。

ましてその実体などあるはずがない。これらの鳥は、皆阿弥陀仏《あみだぶつ》が真理の音《ひびき》を宣《の》べひろめようと欲したまう心のあらわれである。

舎利仏よ、かの国土には、常に微風《そよかぜ》が吹き、もろもろの宝の並樹《なみき》と宝の網にあたって微妙の音をだすのである。たとえば、百千種の音楽を同時に奏でるようであり、この音を聞く者は、皆自然に仏を念じ、法を念じ、僧を念ずる心を生ずる。舎利仏よ、その仏の国土には、このようなさまざまの荘厳な功徳《くどく》がみちている」

谷口雅春先生にも、このお経をもっと簡潔にまとめた『顕浄土成仏経《けんじょうどじょうぶつきょう》』があるが、こんなすばらしい極楽へ行くのは、実はむつかしくないのである。四枚一セットの切符をもっていればよいのだ。感動する心をもっている人には、感動の心と波長の合ったものが次々と現われる。感謝の心をもった人には次々とお金が入って来たり、病気が治ったり、容貌《ようぼう》がすばらしくなったり、よい事がどんどんやって来る。明るい心には明るき善きことが集まってくる。これをシンクロニシィテイとも言う。それがこの世で天国浄土を招来《しょうらい》する道であり、霊界でも事情は同じなのである。

第2部　人間は神の子・仏の子

〝死ぬこと〟はいやなことか

あかぎれの掌《て》に数珠《じゅず》かけて逝《ゆ》きし妻

この句は、私が中学校長で赴任したときの前任校長、池村清先生の奥さんの死を見送った悲しい俳句である。読むたびに胸が苦しくなる句である。このつらさは体験した人でないとわからない。

夜あくるまでは残りいぬ息切れし子の肌のぬくもり

これは石川啄木《いしかわたくぼく》が愛児をなくした時の短歌である。親のつらさがしみじみと味わわされる。

死ぬことを忘れていてもみんな死に

今までは人のことだと思いしにわしが死ぬとはこいつはたまらぬ

「生者必滅《しょうじゃひつめつ》、会者定離《えしゃじょうり》、諸行無常《しょぎょうむじょう》」は世のならい、死はすべての人におとずれるが、平素はみな忘れて歓楽街でたわむれている。出世競争にあけくれ、儲けた、損した、得をしたと言っている。これを「人生の歓楽は噴火山上の舞踏（ダンス）だ」と言った人もいる。

あと一ヵ月で夫が死ぬとわかれば、妻は夫に大声でどならぬ。夫が「パイナップルを食べたい」と言えば、「そんなものより薬をのみなさい。ダメよ」と言わぬ。もうこれで最後だから好きなようにさせようと思う。妻の寿命はあと二ヵ月とわかれば、夫は妻のどんな要求にも、どんなわがままもゆるす。

亡き夫《つま》と争いしこと今にして思えばゆるせることばかりなり　（読売歌壇秀歌より）

夫も妻も夫婦の対話を真剣におこなう。そして、美しい言葉、愛ある言葉を吐きつづけるだろう。即ち死を前にして本当の夫婦生活が始まる。

そこに本当に生きること、真剣に生きること、人間の真実、誠が現われてくる。「ゴンドラの歌」に、「いのち短し　恋せよ乙女　あかき唇　あせぬ間に　熱き血潮の冷えぬ間に　明日の月日はないものを」という歌詞があるが、この歌をいつも歌っていれば、夫と妻はけんかをする気も起きないし、二人で過ごすことの幸せをしみじみと味わうだろう。だから、死というものは、このように今日一日を大切にさせる。今日という日を充実させる。そして、死というものがあるために、普通の人は、残る人々にお葬式の費用や、墓を建てるお金や遺産を残しておきたいと考え、借金を残して死にたくないと考える。

死というものは、このように人間の生活をひきしめ、人間に計画性、忍耐力をつけてくれる。死後、「おお、あいつも死んだか。悪い奴で、役立たずで、ひどいことをして逝《い》った」とは言われたくはない。だから、死後の名誉のために生前は身をひきしめる。

また、死は、「自分が死んだら、どんなところへ行くのだろう」と考えさせ、死後の生活に備えて現世《げんせ》の生き方を考えさせる。

また、汚辱にみちた人生、人には語れない失敗の人生を送った者は、死は一つの大きな清算となる。昔の武士は腹を切ることによって清算をした。だから、日本では死んだら仏になると言い、死者の悪口を言わないのも、死を清算と考えるからである。

また、死にいたるまでの人生とは、「所詮《しょせん》、夢である」と思う。年輪を重ねるごとに「『人生は夢』とはこういうことか、全くその通りだ」と思う。あの大阪城（浪速城）をきずいて天下をとった位人身《くらいじんしん》をきわめた太閤《たいこう》秀吉も、

露とおち露と消えにしわが身かな難波《なにわ》のことも夢のまた夢

と詠んで、「人生は夢だ」と自覚した。これがわかったら『般若心経《はんにゃしんぎょう》』がわかる。『般若心経』には「一切の顚倒夢想《てんどうむそう》を遠離《おんり》して涅槃《ねはん》を究意《きゅうい》す」とある。「顚倒夢想」とは「あるものを無いと想い、無いものをあると思う。自分の本体は霊であるのに肉体をあると思い、魂を無いと思う」この逆さまの思いを捨て、涅槃即ち実相《じっそう》を覚ることである。

ともかく生長の家の『甘露《かんろ》の法雨《ほうう》』は大変功徳《くどく》のあるお経であるが、この『甘露の法雨』には「夢」という文字が二十回書かれてあると既に述べたが、このお経を聴いた亡者《もうじゃ》たちが、「ああ、この迷い、この恨み、この妄執《もうしゅう》、これはすべて夢だったのか」と覚る、そして成仏《じょうぶつ》していく。それによって迷いの霊に憑依《ひょうい》されて苦しむ現世《げんせ》の人間たちの病気が治ったり、問題が解決していく。これが『甘露の法雨』という聖経の大変な功徳《くどく》の一つでもある。

「死とは恐ろしいものだ、いやなものの中で最高にいやなものだ」と大抵の人は考え

ている。しかし信仰者にとっては、「いよいよ弥陀《みだ》の浄土へ行く、神様の天国へ行く、亡き父母に会える、亡き夫、亡き妻に会える」という一つの希望であり、喜びでもある。「霊界こそ本当の世界だ」とわかっている人には、「死」は恐ろしいことではない。だから安心して死ねる。

あるがままを喜ぶ

年をとるとほとんどの女性は、皺《しわ》が寄り、歯は欠け、白髪となり、「昔の光、今いずこ」となる。

世の中の娘は嫁で花咲き嬶《かかあ》でしぼんで婆《ばばあ》で散りゆく

もちろん男も同じであるが、すべての人に物に事に感謝せよ、といっても老醜《ろうしゅう》には感謝できないだろう。

しかし、これもプラス思考すべきである。暗黒面を見ないで光明面を見れば、皺が寄り腰が曲がることも悪くはない。もし八十歳の女性が紅葉のように散り際がきれいであったら、八十歳の女性が二十歳の娘よりきれいであったら、毎日男性から電話がかかって来るだろう。だから男がよりつかないように醜《みにく》くなる。八十歳の男性がよたよたしながら手洗いへ行く。悲しいこと、あわれなことに見えるが、それでよい。もし八十歳のおじいちゃんが二十代と同じ体力と精力を持っていたら、女性に恋い焦がれて死を迎えるだろう。これでは成仏《じょうぶつ》ができない。

「年をとって、体力がなくなったなあ」と思えば、悲しく、つらく、さびしいかもしれない。しかし、プラス思考で、「これも有難い、あるがままを喜ぼう。すべてはお浄土へ行くための準備中なのだ」と思えばいい。

あるとき、アメリカ大統領のリンカーンは、ある人から「この人物がよい」と推薦《すいせん》を受けた。ところがリンカーンは「だめだ」と言う。「なぜか」と問うと、リンカーンは「顔が気にくわぬ」と答えた。そして、「人間四十歳にもなったら自分の顔に責任がある」と答えたという。

顔かたちの問題ではない。品位、品格、そして慈愛が凛《りん》と出ている老人の顔になりたいものだ。少なくとも不愉快な顔をひっさげて家にとじこもり、人を不快にさせることなく、死顔も美しくなるような心のあり方にならねばならない。年寄りに限らず、人間の顔が美しくなる秘訣は、喜びの心と感謝の心である。これは理屈でなく、日々の体験で言える真実である。

死とは何か

「何でも喜べ」と言うが、死ぬことだけは喜べないと言うだろう。親鸞聖人《しんらんしょうにん》も「本当はあの世へ行くことは浄土へ行くことだから、躍《おど》り上るほど喜ぶべきことなのに喜べない。よほど私も深い業《ごう》があるのだろう」とおっしゃった。ある人は「人間は死ぬために生きている」と言った。

生きている人はすべて死刑囚である。「あなたを死刑に処する。執行猶予を八十年とする」あるいは「あなたを死刑に処する、執行猶予六十年とする」。そう宣告されて、

「何とか百年にして下さい」と哀願するかもしれない。死刑囚は死と対峙している。だから一日一日が充実している。ある人は普通の囚人と比較して、死刑囚の眼は美しく澄みきっていると言っている。

野球を見ていると、あの一球を打たれたばかりに負けた、と思うことがよくある。打たれた投手にとっては「一球一生」、一生その失敗は本人自身に焼きつけられる。巨人軍の川上哲治氏は色紙によく「一打一生」と書いた。人生も同じように「一日一生」である。この一日が久遠につながる、「今即久遠《いまそくくおん》、久遠即今」と谷口雅春先生は言われた。

なぜ前世《ぜんせ》の記憶がないか

世界七十億の人類のうち、飢えに苦しむ人と餓死する人は五億人になるという。極寒のシベリアの家に生まれる人、北極近くのエスキモーの氷の家に生まれる人、海抜○メートルの葦《あし》でつくった家に生まれる人、ヒマラヤの山岳地帯で麦粉だけの生活をしている人の家に生まれる人、これらの人々は、テレビも、冷蔵庫も、パソコンも、洗濯機もない。もちろん電灯もない。アフリカの荒地に住む人は水道もない。

一方、帝国ホテルのソファで極上のウイスキーを呑んでウエートレスにかしずかれている人もいる。五十年に一度の美人といわれたエリザベス・テーラー、オードリー・ヘップバーンのような人もいる。女心をゆりうごかす男優がいるかと思えば、見るからに不愉快な醜女《しこめ》や醜男《ぶおとこ》もいる。

身長も二メートルを越す人もおれば、少し低すぎて見るのも気の毒な人もいる。すばらしい体格をしているのに気は優しくておとなしすぎる人、かと思えば小さい体に胆力をみなぎらせて溢れるような智恵才覚の人もいる。

何千万円の借金でもびくともしない人、わずかの借金でびくびくしている人、二十四時間働きつづけても野良《のら》仕事が楽しくて仕方がない人、箸を動かすのも嫌なくらいに怠《たい》惰《だ》な人もいる。頭のよい人もあれば悪い人もある。これ、すべて本人の前世の業である。

この世に偶然は何一つないというのが仏法の悟りであるが、これがわかる人は実に少ない。なぜかと言うと、人間がこの世に出るとき過去世《かこぜ》のことは忘れ、思い出せないように仕組んであるからだ。もし過去世の記憶がしっかり残っていると、頭がこんがらかって判断を誤るからである。

もし記憶があると、街通りを歩いていて、「あの女は私の前世の妻だ。こん畜生、他の男と歩いている」と腹が立って仕方がないかもしれない。上役に叱られたとき、「この野郎、お前は前世でおれの家来だったくせに」と、上役の注意など上の空で、場合によっては喧嘩がはじまるかもしれない。「前世で俺は豊臣秀吉だった」とわかると傲慢《ごうまん》な態度で生きつづけるかもしれない。

なによりもこわいのは罪の意識の持続である。多くの人は前世《ぜんせ》でそれほど善いことをしてこなかったであろう。そんな人間が今世《こんぜ》までその記憶を引きずっていると、辛くて辛くて仕方がない。とても仏さまになれるようなことはしていない。自分の前世を知っていれば反省する人もいるだろうが、しかし、大部分の人は自分自身を見限り、元気を失い、やる気をなくす。

「おれは前世でこの男に殺されたのだ」とわかったら復讐が始まる。「この人に大変、お世話になった」と思うと、どんな立場にあろうと頭が上がらなくなる。人間に前世の自分を思い出す能力があると、この世は滅茶苦茶になる。だから、神さまは前世の記憶を消してこの世へ送り出して下さるのである。

どんな人が地獄へ行くか

神も仏も愛であるから、人間が阿鼻叫喚《あびきょうかん》の地獄で苦しみのたうつことを喜ばれるはずはない。要は「三界《さんがい》は唯心《ゆいしん》の所現《しょげん》」であり、幽界も霊界も、いま私たちが生活しているこの現界《げんかい》も、この現界での我々の運命も、地獄界も、すべては仮存在であって、実在する世界ではない。心の状態がそのような世界をあらわし、心が変わればいくらでも脱け出ることができる世界である。

私は、これが真にわかるまで十年もかかった。地獄へ堕ちる人も、心の習慣が自動的に、自然に、その人を地獄界へ落としていくだけである。地獄界へ行く人は次のような人である。

◇憎しみ、嫉妬、呪い、怨みをもっている人
◇他人の不幸をよろこぶ人
◇他人を不幸のどん底へ突き落としても平気な人
◇自分の味方と自分の敵を区分けしている人
◇自分のことしか考えていない人
◇感情の起伏が激しく短気な人
◇部屋が汚く、服装が汚くても平気な人
◇相手が悪いといつも決めつける人
◇ＡがＢをほめると、Ｂを羨《うらやま》しく思い、ついＢの欠点を言う人
◇お金でいつも苦しんでいる人
◇感謝の念をもたず、どんなご恩でもすぐ忘れる人、恩を仇《あだ》で返す人
◇病気を苦にして自殺した人、何かを苦にして自殺した人
◇霊能者で多額の謝礼をとって病をいやす人

その他、増上慢、威張る心、恐怖心、くよくよ、いらいら、執着心（お金、名誉、地位）の強い人、殺人者、詐欺、強盗、放火など刑法犯の行くところも地獄界である。地獄界は何百段階も何千段階もあり、天上界へ行く人の数に比べればはるかに多くの人が地獄界へ行っている。

前にも述べたが、霊界を見て来た人は数多くいるが、何万種類の大霊界を全部見ることは不可能である。多くの本を読んでも、読めば読むほど霊界のことがわからなくなる。しかしどの霊能者も共通点は一致しており、その共通項だけ信じればよい。そして、地獄へ行かない工夫よりも天上界へ行く工夫をすることを奨《すす》めたい。それには仏教で言う四無量心《しむりょうしん》を持つことである。

四無量心とは

四無量心とは「慈悲喜捨《じひきしゃ》の心」を言う。「仏心《ぶっしん》とは、四無量心これなり」と仏典にあるように、仏心を持てば、浄土に入れるのである。

「慈」とは慈しむ心、愛の心。他人を幸せにしてあげたい、不孝な人を見ると涙が出る、つらくてかなわない人に恩を施しても忘れている、恩に着せない。助けてあげたい一心、喜ばせてあげたい一心のことである。

「悲」とは「抜苦与楽《ばっくよらく》」を言う。愛を実行に移す強い心、積極的な心で行動すること、実行力である。愛はほとんどの人が持っているが、しかし実行する人はその半分もないだろう。

「喜」は喜ぶこと、感謝である。自分が喜ぶ以上に他人の幸せを喜ぶことの「喜」である。孫が喜ぶ姿を見たくて祖父祖母はお土産を買ってくる。そして自分も喜ぶ。愛とは自他一体感であるから、相手が喜ぶと自分も嬉しい。夫婦生活もそうであり、女が喜ぶと男は嬉しい。「嬉しい」とは「女性が喜ぶ」と書く。「喜」は祝福（他人の福を祝う）であるから、如来は人間を祝福して下さる。キリスト教で「神は祝福したもう」とよく言うのも、この意味である。

「捨」は執着を捨てることである。禅宗では「放下着《ほうげじゃく》」という言葉がある。執着を放下《ほうげ》するという意味である。かつて仏教学者の田中忠雄先生は、「四無量心《しむりょうしん》の中で最もむつかしいものは『捨《しゃ》』ですよ、『捨』ができないから人間は浄土へ行けないのですよ」と言われた。

あらゆるものへの執着が人間を苦しめる。苦しみの原因は執着にある。僧侶が墨染《すみぞ》めの衣《ころも》を着るのは執着を絶つためである。女性に惚れられぬように、質素に生活するように、お金、異性、名誉、地位、自分の命すら捨てるためである。妻子への執着も絶つためである。それでお坊さんを「出家さま」と言う。出家をしない仏教信徒は〝在家《ざいけ》〟と言う。

父を怨んでノイローゼになった娘

この〝執着〟に関して、私が体験したことがいくつもあるが、そのうちの一つ、私がまだ教職在職中のこと、ある女子生徒の母親から「娘がノイローゼになった、助けてほしい」と電話があったので出掛けた。

あらましは次のとおりであった。

その母親には別れた夫がいた。その前夫はかなり大きな会社の社長であり、二人との間に娘二人がいたが、ある女性と親しくなり、ついに離婚した。離婚したこの母親は二人の女の子を連れて生活していた。前夫はその女性と再婚し、男一人、女一人の子供ができた。かくして二十年の歳月が流れ、やがてこの社長は莫大《ばくだい》な不動産と有価証券、貯金を残してあの世へ行ったのである。そこで遺産問題が持ち上がり、この母親の娘二人に、それぞれ一、八〇〇万円を送るという弁護士を通じての文書が届いたのである。

何億円という遺産の中からわずか一、八〇〇万円では承服できないと、この母親は元夫の再婚相手の女性に何回もかけあったが頑として応じない。そのひどい冷たい仕打ちを恨んで先方を呪っているうち、とうとう長女は強度のノイローゼになり、夜も眠れず、食事も進まず、対人恐怖症のような状態になったというのである。

私は、「心の中ではゆるしなさい。しかし相手にも眼を覚まさせるのが教育であるし、良心を目覚めさせるのも仏の道だから、遺産は請求してもよい。しかし心の中は、たとえ一文も追加してくれなくてもよい。ゆるしてやろうと思わぬとこの病気は治りませんよ」と指導した。しかし、母親と次女は過去のひどい仕打ちや離婚の手切れ金の少なさなどを訴えつづけるばかりで、ほとほと手をやいた。

私は、「物質というものは所詮《しょせん》この世だけのもので、あの世へは持っていけません。保育所の子供が小学校へあがるとき、おもちゃを置いていくでしょう。お金はあの世へ行ったら要《い》らないのですよ。だから、お金に執着しているのは、小学校へ入っているのに保育所のおもちゃのことばかりに気を取られて生きているようなものですよ」と言い、因果応報《いんがおうほう》の話や業縁《ごうえん》の話や、人間の本体は神の子、仏の子で、あなたの中にすでに無限の富があることなどを必死に説いたが、遂に分かってもらえず物別れとなってしまった。

十日もたったある日、母親から「娘が少し楽になったようです。すみませんが、もう一回お出で願えませんか」という電話で、再びこの母親の家へ出かけた。

長女の顔を見ると、前回と変わらず人を恨んだ眼をしている。悪霊が眼底の中から私をにらんでいる感じである。私は彼女に、「○○子さん、あなたは二つのことを赦《ゆる》さないとその病気は治りませんよ。まず、あなたは亡くなったお父さんを恨んでいるでしょう。現象のお父さんはたしかに悪いですよ。しかし本当のお父さんは○○子さん、あなたが可愛かった。愛しておられたのですよ。後添《のちぞ》えに入った妻の手前、電話できなかったのですよ。どんなに苦しかったかもしれません。親を恨んでいたら、脳腫瘍、脳癌になるか、不運、不幸な目にあいます。どんな親であれ、赦《ゆる》さないとあなたの病気は治りませんよ。

それに、あなたのお父さんは乞食だったと思えばよい。あなたはその人の子供だと思えばいいのですよ。自分の財産でもないのに、五千万円よこせ、一億円よこせというのはおかしいですよ。それは父の財産であって、あなたの財産ではないのですよ。何億円の財産をあの人たちにくれてやった、と思えばよいのですよ。

あの人たちは、五年か七年は調子がよいでしょう。しかし必ず無理なことをした因果《いんが》は来ます。あなたはノイローゼで苦しみつづけるか、それとも執着を捨てて健康をとるか、どちらにしますか？　あなたが人を恨んでいるから、悪霊がとりついて念の増幅作用で恨みの念波が倍に強くなり、どんな名医が来ても治せませんよ」と話した。

私は、名誉や金や恋に執着し、一流大学に執着して不幸になっていった人たちの事例を多く話した。

「人間が生活するだけなら『起きて半畳、寝て一畳』と言うでしょう。人間、それだけの面積があれば、金殿玉楼《きんでんぎょくろう》に住まなくともよいということですよ。さあ、私の真似をしなさい。大きな声で言うのですよ。いいですか」

森田「私はあなたをゆるしました。本当のあなたはよい人だ」

長女「私はあなたをゆるしました。本当のあなたはよい人だ」

森田「私は一切の執着を捨てました。実相《じっそう》の私は大金持ちです。捨てて捨て切るぞ」

長女「私は一切の執着を捨てました。実相の私は大金持ちです。捨てて捨て切るぞ」

これを五回ぐらい繰り返した。

「人を呪わば穴二つと言うでしょう。その反対に、人を祝福し、相手の幸せを祈れば自分にも必ず返ってきますよ。本当の相手は愛深く、素直で周囲の人たちもよい人なのだから、その実相を心の眼で見る練習をすると、あなたの今の苦しい心の病気が治りますよ。亡くなったあなたのお父さんは橋の下の乞食だったと思いつづけることですよ。親のお金で生きていこうとしないで、あなた自身、早く結婚してお母さんを安心させることですよ」

ともかく、相手の実相《じっそう》を観る祈りの仕方と父の供養《くよう》をすることを指導して、その家を出た。

約一ヵ月後、母親から電話があり、娘はよく眠れるようになったし、食事もとれるようになった。次女が盛んに姉を叱るようにして励ましてくれている。相手方の弁護士からも、四、〇〇〇万円に増額すると言っている、ということであった。二人の娘たちは、今、東京で結婚して暮している。

父への感謝と執着を断つことの二つが、娘のノイローゼが治った原因であった。

同じような話に、富山県魚津市で、戦時中食糧難の時、先妻の娘が後妻（継母）に食事を公平に食べさせてもらえなかったと怨みつづけ、ノイローゼになった。そして、「あそこにも三人の霊が見える。この部屋の天井の角に二人の霊がいる、私をにらんでいる」と言いつづけていた。

この女性も恨みを捨てよ、恨みを放てと指導して、ノイローゼが治ったことがある。

この娘さんの指導は四回目でやっと成功した。人を赦《ゆる》さなければ、自分もまた赦されないのである。

この肉体のすばらしさ

人間とは肉体であると考えている人が多いかもしれない。しかし、人間は神の子、仏の子である。この眼はカラーで映る。野の花はカラーテレビと同じく、眼に色をもった花として映る。カラーテレビは電気料がいるが、この眼は電気料がいらない。次にこの眼はテレビと違って軽い。見たいものが見え、きたないもの、見たくないものは目を閉じるか、首をまわせばよい。この眼はつけっ放しにしても九十年、百年でも大丈夫である。この眼は百億円出しても買えない。しかも人間は二つも持っている。

人間の心臓は一分間に七十回鼓動する。一時間では四千二百回、十時間では四万二千回、一日には何と十万八百回も心臓が動くのである。なんとすばらしい、力強い心臓だろう。どんなモーターよりも強いこの心臓は、我々が眠っていても起きている。心臓だけでなく、肺も胃も肝臓も、全身の臓器も一晩中起きている。しかも、一秒も休まず死ぬまで起きている。休まないのである。血管もまた、動脈と静脈が衝突しないで何千万本という血の管が見事に流れつづけ、一時も休まない。

女性の乳房から出る母乳は、子どもを生まないと出ない。子どもを生むと二十四時間以内に出ることになっている。母乳には、各種ビタミン、澱粉《でんぷん》、脂肪《しぼう》、蛋白質《たんぱくしつ》、ミネラル、カルシウム、糖分が含まれていて栄養満点である。しかも温かい。この母乳は、母親がコタツでねていてもテレビを見ていてもちゃんと出てくる。

このすばらしい両眼も、ありがたい舌も、休まず働く内臓や血管も、人間の力では決して製造できない母乳も、すべて親からいただいたものである。けれども、この眼で親をにらむ人がいる。この舌をつかって親をののしる人がいる。親からいただいた眼や舌なのに。

肉体は生命の影

しかし、このすばらしい肉体を動かす根本のエネルギーは人間の生命から来ている。これは神の命であり、仏の命である。何とすばらしいことか。生命が人間の本体であり、こんなすばらしい肉体も、生命の影にすぎない。だから肉体のことを〝からだ〟という。蟬の殻《から》、蛇の抜け殻《がら》、豆の殻《から》、籾殻《もみがら》というのと同じで、体は、結局〝から〟である。

〝からっぽ〟である。そんなことがどこに書いてあるかというと、『般若心経《はんにゃしんぎょう》』に書いてある。

無眼耳鼻舌身意　　眼も耳も鼻も舌も身も意もなく、

無色声香味触法　　色(眼)、声(耳)、香(鼻)、味(舌)、触(身)もなく、

とある。

肉体は、美しい景色も忘れてしまう、美しい歌声も消えていく、かぐわしい香水の匂いも消えていく、舌で味わう喜びも消えていく、気持ちの良い感触も消えていくのである。谷口雅春先生は「肉体は無い」と説かれる。肉体は仮の相《すがた》、仮存在だと説かれる。

そして、

ただよえる雲の彼方《かなた》にまんまるに澄み切る月ぞわが姿なる

と歌っておられる。

黒住教祖も、

(肉体を)ありと見て無きこそおのが姿なりなき相《すがた》こそ生きとおしなり

といわれた。

結局、この肉体人間の寿命はたかだか八十年。あの美しかったあの女性も、いまは老いて白髪の老婆となり、老人ホームでポータブル便器にすわって大便する。

色は匂えど散りぬるを我が世たれぞ常ならむ

の歌のとおり、肉体人間はすべて灰になる。〃ハイ(灰)、さようなら〃である。「明治一代女」の歌詞も唄っている。

恨みますまい、この世のことは
仕掛花火に似たいのち
燃えて散るまに舞台は変わる
まして女はなおさらに

ある川柳には「死ぬことを忘れていてもみんな死に」という句がある。「今までは人のことだと思いしにわしが死ぬとはこいつぁたまらぬ」という歌まである。

人間は神の子である、仏の子である

このように世の中ははかないものだと思うかもしれないが、実は人間は死ぬものではない。真理からいえば、人間は神仏の子である。神の子、仏の子を「実相《じっそう》」と申し上げる。「実相」という言葉は、谷口雅春先生が最も重要な言葉として用いられているが、仏教の経典にも広く使われていて、仏という意味である。親鸞《しんらん》さまの『教行信証《きょうぎょうしんしょう》』にも何回も繰り返し出てくる。「宇宙を貫く実の相《じっすがた》」を「実相」と言う。その「実相」をきわめてわかりやすく説いて下さり、現実の生活の救いのために説明して下さったのが谷口雅春先生である。

実相とは現象に対する言葉で、人間の本体であり、神の子、仏の子を言う。「実相身《じっそうしん》」といったら「仏身《ぶっしん》の己《おのれ》」である。人間は実相身である。「実相」を仏教辞典で調べると次のような意味がある。

◎すべてのものの真実の相、平等の実在
◎真実の真理、常住不変の原理で仏のさとりの内容をなす真実のもの。一如、実性、涅槃無為
◎諸法実相は仏祖の現成、人間本来の面目(禅宗)
◎弥陀の名号――阿弥陀如来因位大願大行を円満完成して自ら真如実相の全体をさとり顕わしたる自利円満の徳(浄土教)
◎本門の題目、無相、理仏のこと(法華宗)

とこのように実相《じっそう》を説明している。

私も読書道楽で多くの本を蔵書しているが、谷口雅春先生の『生命《せいめい》の實相《じっそう》』に勝る本はない。谷口雅春先生は宗教的大天才であり、この本を読めば、生物学、植物学、哲学、教育哲学、心理学、医学、薬学、社会学、物理学など幅広い学問に裏打ちされ、さらに仏教学、神道、キリスト教神学、心霊科学を通じて宇宙の真理が説かれている。平易で読み易く、自然と人間は神の子、仏の子であることがわかり、仏教の神髄にふれることができる。本書を読み、あらゆる問題を解決し、病気の治った人は何万人といる。

現象娑婆世界《げんしょうしゃばせかい》は生老病死《しょうろうびょうし》と罪と業《ごう》と苦《く》に満ちているが、真の人間、実相の人間は不老不死、不生不滅、不染悪《ふぜんなく》のもので、完全円満至美至妙のもので、仏そのもの神そのものであると仏教も教えているが、実相とは生命におきかえることができる。実相とは「宇宙を貫くその相《すがた》」ということである。あなたの生命はこの実相身《じっそうしん》のことをいう。生命といっても、仏といっても、実相といってもよろしい、霊といってもよろしい。

生命＝実相身＝仏性

車――エンジン――ガソリン――酸素――植物（地球）――太陽

さて車は何で動いているか。エンジンが車体を動かしている。エンジンはガソリンがないと動かない。ガソリンは空気中の酸素をもらわぬと狭いところで爆発しない。酸素は植物がつくり出す。その植物は太陽が育てる。

とすれば、車を動かしているものは太陽である。それと同じように、この人間のすばらしい肉体も根源にある大生命（弥陀《みだ》）が動かしている。

肉体――生命――大生命（如来《にょらい》）

肉体を生かしているものは生命である。生命を霊と言おうが、仏性《ぶっしょう》と言おうが同じことである。われらの本体は生命であり、霊である。これを悟る人は実に少ない。霊を霊たらしめているものが実相身《じっそうしん》であり、実相は神から来ている。神仏そのものから来ている。だから私たちは神の子、仏の子である。われらの本体は永遠の生命なのである。

昔、春になると、ＪＲの前身であった国鉄の労働組合がストライキをした。いったんストをやると正常なダイヤに戻るのに一日半ぐらいかかる。それではどうして日本中の汽車をダイヤ通りに戻せるかと言うと、それは時刻表があるからだ。この時刻表は一人が二年間ぐらいをかけて作るという。時刻表がある限り、日本中の列車はそれを中心にして正常に戻る。

時刻表――ストライキ――列車の乱れ――正常ダイヤ運行

実相智――実相秩序――生命

迷い――苦しみ・病気――迷いがさめる――病気回復

時刻表という実相智がある限り、いかなる列車の乱れも直るように、人間も実相に眼を向けて迷いを捨て、我《が》を捨て、病なし、苦しみなし、私は神の子、仏の子だという自覚で一切が整ってくるのである。時刻表一冊が全国の列車運行の乱れを復元させるように、実相の智慧《ちえ》を基にして世界はいろいろと試行錯誤を繰り返しながらも、どうにか少しずつ進歩しているのである。

私は谷口雅春先生の『生命《せいめい》の實相《じっそう》』を読んでから、仏教書がよくわかるようになった。これは実相、仏という言葉の意味がよくわかったからだと感謝している。

肉体はない、実相のみがある

たいていの人は「この世だけがある」と考えている。あるいは、この世もあれば霊界もあると考えているひともいる。ところが『般若心経《はんにゃしんぎょう》』は、「現象《げんしょう》なし、実相のみがある」と一切を断ち切る。

現象(この世と霊界)と実相を二つ並べて「ある」と思って生きていると、真理を悟ったことにならない。だから病気や人生の諸問題はなかなか解決しない。しかし実相しかないのである。

この実相は生ぜず、滅せず、垢つかず、増さず、減らず——完全円満な実相は生まれたり、滅んだりしないし、垢もつかないし、減りもしない。

眼耳鼻舌身《げんにびぜっしん》(肉体)意《い》(意識すること)もなく、色声香味触法《しきしょうこうみそくほう》(現象界)もなく、無明《むみょう》(迷い)もなく、意識界もなく、また無明がだんだんなくなっていくこともない。老死も無い。

『甘露《かんろ》の法雨《ほうう》』の功徳《くどく》はもちろん、『般若心経』でも、その意味を本当にわかった人が読めば必ず功徳がある。

「仏祖の往借《おうしゃく》は我らなり、我らが当来《とうらい》(未来)もまた仏祖ならん」と曹洞宗《そうとうしゅう》の『修証義《しゅしょうぎ》』にある。「我らは昔は仏だった。これから将来も仏である」という意味である。真言宗《しんごんしゅう》の『勤行集《ごんぎょうしゅう》』に、

われらはみ仏の子なり
ひとえに如来大悲《だいひ》の本誓《ほんぜい》を仰いで
不二の浄信に安住し
菩薩利他の行法《ぎょうほう》をはげみて
み仏の法身《ほっしん》を相続し奉らん

とある。「自分は仏だ」「神の子だ」という自覚が出ると、自然と悪心がしずまる。

「お前は罪の子だ。お前は前科者だ、凡人だ」といっていては力と勇気がわかないのである。

この世は不完全に見えて完全である

この世は不完全である。人生を長く生きると、体が不自由になる、死が近づく、面白いこと何一つない、と思うかも知れない。

しかし、この世の中ほど合理的にうまくできているところは無い。「ああ、せめて二百歳ぐらい生きられないか」と思うかも知れない。ところがどっこい、二百歳まで生きたら、この世は地獄である。どうしてか、夫が二百歳まで生きたら、妻は百九十八歳、嫁は百七十歳、孫の嫁は百四十歳、曽孫の嫁は百十歳、玄孫の嫁は八十歳、家じゅう婆ちゃんだらけ、高齢者ばかりになる。動けなくて手洗いへも行けない老人がごろごろいる。今でさえ市民病院、個人病院は老人で満員なのに、病院中車椅子だらけになる。聞こえぬ、歩けぬ、食べられぬ、九十歳の人は、こんな生活をあと百十年も続けなければならぬ。そう思うと、早くあの世へ行くことも仏のお慈悲というものである。

しかし、世の中は実にうまくできているのであって、諸行無常《しょぎょうむじょう》でいいのである。たとえば腐敗菌もありがたい。スーパーで買ってきた食品はみな腐る。菌の働きで腐る。黴菌《ばいきん》と聞けば不愉快になるが、腐敗菌と聞けばありがたくなる。我々の排泄物は腐敗菌のお蔭で土になる。去年の柿の葉、田んぼの藁《わら》、生ゴミを土にしてこの世の中を美しくしてくれるのは腐敗菌の働きである。

なんと有難いことではないか。山の木々や木の葉も腐れば今度は木々の肥料となる、この循環で世の中は実にうまく回転している。朝、飲む味噌汁の味噌は、大豆や米を腐らせる酵母菌の発酵を利用したおかげであり、お酒は糀菌《こうじきん》が米の糖分をアルコールと炭酸ガスに分解してくれるおかげである。ビール、醤油、ブドウ酒すべてそうである。

感謝、感謝の日ぐらしが大切

空気のことを思うと、「ああ、私は生かされている」とわかる。なぜなら、空気が一分、二分なければ人は死ぬからである。よく作業現場で穴の中の作業員が死ぬのは、たった一分か二分かの酸欠で死ぬのである。だから、空気は人間になくてはならないものである。

また、空気は地球を温め、保護してくれる。富士山の頂上が寒いのは空気が薄いからである。高い山で遭難して寒さで死ぬのは空気がうすいからである。世界一高いエベレストの山へ登山する時、酸素ボンベを担いで登るのである。さらに空気は気圧の差となって、風となり、雨となり、この世にすばらしい働きをしてくれる。

また、空気は自動車や自転車のタイヤの中で、クッションになってガタガタの揺れを防いでくれる。また、圧搾《あっさく》空気ともなってエア・コンプレッサーの働きとなり、大型のトラックやバスを止めるブレーキの働きもしてくれる。電車や新幹線も圧搾空気によるブレーキで止まる。空気は更に、空を飛ぶあの大きな五〇〇人乗りのジャンボジェット機をも空に浮かばせる。

私が教師になって十日もしない時のこと、ある中学三年生の男子が二階の階段のところを通ったとき、脚のふくらはぎがパックリと裂けた。中三男子はびっくりして職員室へ叫びながらとびこんで来た。すると、校長と教頭は、「おーっ、それはかまいたちと言ってなあ、真空状態のところを通ると空気の圧力がないから人間の内圧力が出て来てパックリと裂けるのだ。すぐタクシーで病院へ行って縫ってもらえば治る。心配するな」と言って、生徒を励ましていた。若かった私は、「ああ、年寄りの先生がいて助かった」と思ったことである。

私たちは目に見えぬ空気のご恩をどれだけ受けているかわからない。しかもただで空気を使わせてもらっている。空気だけでなく、ほかにも人間に最も大切な、太陽の光、水もただである。ただだから、なおさら感謝すべきなのに、人間はただのものに感謝しない。親のご恩もただだから感謝しない。神のご恩、仏のご恩もただだから感謝しないのである。

雨と水のご恩

水は工場で作らない。雨から水をもらう。黒部連峰に降る雨は黒部川となり、田んぼへの灌漑《かんがい》用水となり、発電用水となり、生活用水、観光用水となる。天はたのみもしないのに公平にどの田にもどの畑にもジョウロで水をまくかわりに、ただでしかも黙って水をまいてくれる。キリストが語ったように、善き人にも悪しき人にも差別なく無料で水をまいてくれる。こんなに有難いことなのに誰も雨にお礼を言わない。むしろ顔をしかめて、「雨がふって来た!」と嘆く。

雨以外に一体どこから水をもらえるのか。一〇アール(一反歩《たんぶ》)あたり、四千八〇〇トンの水を利用して水田で米をつくる。計算してみよう。一〇メートル×一〇メートル×一〇で一〇〇〇平方メートル即ち一〇アール(一反歩のこと)である。五月、六月、七月、八月と四ヵ月間一二〇日も水をあてる。一平方メートルあたり一メートルの水即ち一立方メートルの水となる。一立方メートルの水は一トン。一〇〇〇平方メートルで一メートルの水をあてれば千トンになる。ところが五月から八月まで一二〇日、一日あたり地下二センチ地上二センチ計四センチならば四ヵ月四八〇センチ即ち四メートル八〇センチだから四千八〇〇トンになる。すると一町歩を作っているお百姓さんは四万八〇〇〇トンの水をただでもらうことになる。二町歩(二ヘクタール)作っている農家は九万六〇〇〇トンの水をただでもらっているのである。

だから、正月一日はお宮さんへ詣って、「昨年中は四万八〇〇〇トンの水をただでもらって有難うございました。今年もどうぞよろしくお願い致します」と言って、お賽銭《さいせん》を千円にすべきである。四万八〇〇〇トンの水が千円は決して高くない。

一反歩《たんぶ》の米を育てるための太陽エネルギーは、石炭に換算すると、四、五、六、七、八月の一二〇日間の十アールの面積の平均気温を二五℃にするには、約三トンの石炭が必要である。夏は三五℃になって稲を育てるから、もっと数字は大きくなる。

私は正月一日は一年中の太陽のご恩を思い、二酸化炭素を酸素にして下さる太陽のご恩に感謝して、お賽銭《さいせん》は千円献納することにしている。太陽さまのご恩は一日一円としても三六五円になる。一日三円としても、太陽のご恩千円は安いものである。

毛髪と唇の不思議な働き

人間の髪の毛は月に一三ミリ伸びるが、計算し易く一〇ミリ即ち一センチとすると、月一センチ、一年で一二センチ伸びる。一〇年では一メートル二〇センチ、七十歳の人は二十歳から髪を切らずに伸ばしたとすれば、六メートル伸びる。顎髭《あごひげ》も同じように毎日伸びる。ところが股の毛は伸びないのである。そうならないのは、仏の智慧と慈悲のお蔭である。同じ毛髪なのに、伸びる毛と伸びない毛があるのは、神様が人間の体をそのように設計して下さったからである。

また、唇のご恩を考えてみよう。人は唇を使ってアイウエオの音、マミムメモの音、パピプペポの音を発する。そのほかに唇はどんな働きをしているか、先ず唇は物を食べる時にこぼさぬためにある。うどん、そば、ソーメン、ラーメンをすする時に唇がないと食べられない。また、水やビールや酒をこぼさぬ働きをする。その他、子供を生んだ母親は自分の唇の働きで、赤ん坊と心をつないでいく。この大切なことがわからない若い女性は、唇とは口紅をつけてキスするためにあると思っている。それも結構であるが、それ以上に大切なことのあることを是非とも知ってもらいたい。ともかく唇は、人間智では考えられぬ働きをするのであるから、神さまの設計によるのである。だから、人間は神の智慧に生かされている。

舌のご恩

唇以上にありがたいのは舌のご恩である。これこそ神様のご恩である。舌があればこそ食事がおいしい。舌は甘い、辛い、塩っぽい、にがい、すっぱいを区別して、人間を楽しませてくれる。食べ物は舌の上にある時だけ、うまい、うまいと思うのである。舌を通り越してノドへ行けば、もう刺身も漬け物も変わらぬものになる。

次に、舌は、口の中にある食べ物を左から右へ、前から奥歯へと移動させて丁寧に、細かく、噛みくだく。第三に舌は飲み込む働きをする。食べ物は舌で飲み込む。舌癌で舌を切りとった人や何かの事情で舌が使えない人は、丸いタンポを作ってノドへ押し込む。第四に舌はしゃべる働きをする。タ、タ、タ、タ、タと言うとき、舌はどうなっているか、サッ、サッ、サッ、サッと言うとき、舌の位置はどうなっているか。これらは皆、舌の働きである。言葉を発することができるのは舌のお蔭である。

この尊い舌を親からもらった。その尊い舌で親にむかって怒鳴《どな》る人がいる。親がくれたお金を親に向かって投げつけているのと同じである。だから、親不孝者はよい運命が来ないのは当たり前である。

神さまの設計はすばらしい。だから人間は神の子なのである。谷口雅春先生のご本である『神　真理を告げ給う』には、谷口雅春先生を通して神さまは次のように言っておられる。

「あなた達は〝神の子〟として、神の生命の延長として、神の生命の具体的な最高顕現として此世《このよ》に出現したのであるから、決して被造物ではないのである。あなた達人間は“わたし”の天地創造の主体者の後継者として、大自然の生まの壗《まま》のはたらきでは成就《じょうじゅ》し得なかったところのものを編曲し、編成し、編纂《へんさん》し、一層完全に、被造物の各々に秩序ある連繋《つながり》を与えて、大自然のままでは混沌として秩序なき状態であった万物を、一層秩序ある状態に再組織せしめ、大自然の一切のものが、バラバラの無秩序の繁茂ではなく、美的秩序を得《う》ることによって、完全なる有機体即ち渾然一体《こんぜんいったい》の生命体ならしめる使命を与えたのである」

だから、同書には「人間は単なる被造物ではなくして生んでいただいた」と書かれているのである。

確実に浄土入りする方法

釈尊は韋提希夫人《いだいけぶにん》に十六種の観法を教えられた。観法とは、阿弥陀仏《あみだぶつ》の建立した浄土のすばらしさをイメージして観じることである。大悲《だいひ》の観世音菩薩及び勢至菩薩《せいしぼさつ》が大光明を放って亡者《もうじゃ》の前に現われる。そして、衆生《しゅじょう》は、菩薩《ぼさつ》の法を説き救わんとして来迎《らいごう》されることを感動して、南無阿弥陀仏と十念ずれば八十億劫《こう》の生死の罪を除去して下さるのである。これを「第十六の観」と名づけられると説かれた。

生長の家でも、「神想観《しんそうかん》」（生長の家の坐禅的瞑想と祈り）で神さまのお造りになった実相世界の円満完全なる相《すがた》をじっと観ずる。そのことによって、病気が治ったり、困った問題が解決したり、あらゆる奇蹟が出てくるのである。神想観に勝る修行はないと言われる所以《ゆえん》である。

仏像を拝むことは偶像崇拝だと言って仏教を軽蔑する宗教もある。しかし、『観無量《かんむりょう》寿経《じゅきょう》』に、「但想仏像《たんそうぶつぞう》　得無量福《とくむりょうふく》　何況観仏《かきょうかんぶつ》　具足身相《ぐそくしんそう》」（ただし仏像を想うに無量の福を得、いかに況《いわ》んや、仏の具足の身相を観ぜんをや）とあるから、人は尊い仏の顔を観ずるだけで、その功徳《くどく》は大きいのである。

「人間は神より出でたる光なり」と『甘露《かんろ》の法雨《ほうう》』に説かれているので、自分の娘は神より出でたる光であると観じて、自分の娘のてんかんの病状が治った体験もある、と

『甘露の法雨』解釈』(谷口雅春著)に書かれている。
神想観の大切なことは『観無量寿経《かんむりょうじゅきょう》』でも説かれている。曰《いわ》く、
斎戒清浄　一日一夜　勝在無量寿国　為善百歳　所以者何　彼仏国土　無為自然　皆積衆善　無毛髪之悪
(斎戒清浄なること一日一夜すれば(この世で行えば)、無量寿国(極楽)にありて、善を為すこと百歳せん(百年する)に勝《すぐ》れたり、所以《ゆえん》(その理由)は何か、彼《か》の仏国土は無為自然にして、みなもろもろの善を積みて毛髪(ほど)の悪なければなり)
浄土は善ばかり充満して毛髪ほどの悪もないから、善を行いやすい。浄土には地獄とか三悪道という言葉さえ無い(『阿弥陀経』)。しかし、地上の人間界ではそうはいかぬ。だから斎戒清浄《さいかいしょうじょう》にして神想観《しんそうかん》をすれば、その功徳《くどく》はたった一日一夜の神想観でも浄土の百年分の修行になるのだよ、という意味である。
これは霊媒者がよく説くところである。一日の仏の行持《ぎょうじ》(修行、持戒)は、あの世の百年分の修行になる。だから、神想観に励む一日は大霊界、仏界の百年分の修行になるのである。これは曹洞宗《そうとうしゅう》の道元禅師《どうげんぜんじ》の説かれた『修証義《しゅしょうぎ》』の中にも書いてある。『修証

義』に曰《いわ》く、
光陰《こういん》は矢よりも迅《すみ》やかなり、身命《しんめい》は露《つゆ》よりも脆《もろ》し、何《いず》れの善巧《ぜんぎょう》方便《ほうべん》ありてか過ぎにし一日を復《ふたた》び還《かん》し得たる。徒《いたず》らに百歳生けらんは恨むべき日月なり、悲しむべき形骸(肉体)なり、設《たと》い百歳の日月は声色《しょうしき》の奴婢《ぬひ》と馳走《ちそう》すとも其《そ》の中一日の行持《ぎょうじ》を行取《ぎょうしゅ》せば、一生の百歳を行取《ぎょうしゅ》するのみにあらず、百歳の他生《たしょう》をも度取《どしゅ》すべきなり、此の一日は尊ぶべき身命《しんめい》なり、貴《とうと》ぶべき形骸なり
(光陰(月日)のすぎ行くは矢よりは速いものだ。身命《しんめい》(肉体の命)は露より弱く儚《はかな》い。どのような善巧《ぜんぎょう》(巧みな手段方法)や方便《ほうべん》を使ってもすぎた一日を反転させることができないものだ。ただ呆然と無目的に百年間生きていることは実に勿体《もったい》ない日月(百年)である。実に悲しむべき体《てい》である。たといこの百歳の月日は声の美しい芸妓とご馳走を食べて遊んだとしても、この百年の中、たった一日行持《ぎょうじ》(修行、持戒＝戒律を守る)すれば、自分の過ごした一生の百歳を価値あるものとして取り戻すことができるだけでなく、死後の百年をも救って価値あるものとなる。故にこの一日の行持は実に尊い身命(人生)となるのである)

今日一日の修行は、あの世の百年の修行にあたると道元禅師《どうげんぜんじ》は釈尊と同じことを説かれた。

神想観《しんそうかん》においても、

わが全身光明遍照《こうみょうへんじょう》、十方世界《じっぽうせかい》光明遍照、われ金剛身《こんごうしん》なり、如来身《にょらいしん》なり、仏身《ぶっしん》なり、法身《ほっしん》なり

と観じるが、『観無量寿経《かんむりょうじゅきょう》』には、「鏡の前に光り輝く自らを画像と見るが如くにせよ。この想成らむれば、五万劫《こう》の生死の罪を滅除《めつじょ》す。必定《ひつじょう》して極楽世界に生むべし。この観をば名かけて正観とす。もし他観するをば名づけて邪観とす……」とある。（鏡の前に立って光輝く自分自身の姿を見るが如く想像せよ。このイメージ（想像）が成就すれば五万劫の生死流転《るてん》の罪が消えてしまうぞ。必ず極楽世界へ生まれることが定まっている。この観を正しい観法と名づける。この他の観法をば邪観と名づける）

即ち神想観をすれば、十悪五逆の大罪も消え、極楽浄土に生まれるのである。

発願《ほつがん》すること

あなたが死を恐れ、あるいは地獄行きを恐れるのは、これだれしも凡夫《ぼんぷ》の常の思いである。しかし、この世はすべて心がつくるのだから、心が浄土へ行こうと発願すればそれでよいのである。

富山県東部に富山地方鉄道という私鉄線が走っている。富山から黒部峡谷にある宇奈《うな》月《づき》温泉まで走っている。昔ほどではないが、通勤、通学、病院通い、用足しには欠かせない大切な生活手段である。この地方鉄道を作ったのは立山町出身の佐伯宗義《さえきむねよし》氏である。佐伯氏は別に大金持ちではなく、百姓の家の出であった。佐伯氏は富山県を光明開化の理想郷にしようという大願を立てて、株式会社をおこし、用地を買収し、盛り土し、レールを敷き、電柱を立て、常願寺川《じょうがんじがわ》、上市川《かみいちがわ》、早月川《はやつきがわ》、布施川《ふせがわ》に鉄橋をかけ、トンネルを掘り　駅を建て　電車を購入し、変電所を建て、県東部の立山の観光、黒部の観光に偉大な利便を与え、雇用を促進し、文化を深化、拡大させて下さった富山県民の一大恩人である。富山県民は佐伯氏の大願のおかげでどれだけ助かっているかわからぬ。電車に乗ろうと思えば(発願すれば)、佐伯氏の大慈大悲の大願に準ずることになる。

阿弥陀如来《あみだにょらい》が「衆生《しゅじょう》を救おう、それがために我が名をよびて往生《おうじょう》してくれ」との願《がん》をおこしておられるのだから、あなたが今、癌の病いで死を恐れていても、疑うことは何もない。あの水田の稲一本から百粒の米が実るのを見ても、大宇宙の創造主はこの一粒の稲が二十二本(JAの発表は平均二十二本としている)に分蘖《ぶんけつ》し、一本の稲に百粒合計二千二百粒が実る。その二、二〇〇粒も一粒一粒が籾殻《もみがら》を被《かぶ》って保護された形で米粒を中へ入れて秋に収穫されるのである。これ仏、根本仏(創造主)の大愛大願なくしては、二、二〇〇倍にして返してくれることは考えられぬ。神があなたを見捨て給うはずがないではないか。一粒の西瓜《すいか》の種が二〇キロ近くのジャンボ西瓜となるご恩をどう思うか。神なくしては人は生きていかれぬのである。

宗教のご恩は発明王のご恩と同じ

菜種油《なたねあぶら》の灯をともしたほの暗い昔の行灯《あんどん》から電灯の明るさへのご恩、駕籠《かご》に乗っていた江戸時代の不便からタクシーへの便利さ、電灯はエジソン、車はフォードなどのご恩である。蓄音器やレコードのご恩、映画のご恩、我らは一人の人の大恩を受けている。我らはそれに感謝して利用すればそれでよいのである。電気炊飯器を発明してくれた人の名はわからぬが、我らは安心してスイッチを入れるだけでよいのだ。

釈尊や谷口雅春先生が「人間は永遠の生命だ、死は無いのだ」と諭《さと》されたら、ハイハイと素直に有難く乗ればそれでよいのである。釈尊が出られるまで、人類は阿弥陀如来《あみだにょらい》という仏がおられるのを知らなかった。我らはハイハイと電気釜のスイッチを入れるように、谷口雅春先生の大願《たいがん》に乗ればそれでよいのである。だから安心して浄土へ行こうと発願《ほつがん》すればそれでよいのである。

天皇国日本に再生しようと発願せよ

私たちは大聖師谷口雅春先生のおかげで日本国に生まれた喜びを知ったのであるが、本書を読まれるお方の為に力説したい。

『古事記』によれば、高天原《たかあまはら》（実相極楽の世界）に在《あ》られた天照大御神《あまてらすおおみかみ》が御孫の邇邇藝命《ににぎのみこと》をよび給いて、

「豊葦原《とよあしはら》の千百秋《ちいほあき》の瑞穂《みずほ》の国（日本国）は、これ吾《わ》が生みの子の君たるべき国なり。行矣《さきくませ》、天津日嗣《あまつひつぎ》の栄えまさんこと天地《あめつち》と共に極まりなかるべし」

（この日本国は、わが子孫が代々中心者としてあるべき国である。その皇室と日本国が栄えることは、天地が永遠に続くように、限りなく栄えるのである）

との神勅《しんちょく》を下したもうた。

即ち天照大御神は実相世界の秩序整然、中心帰一・君民一体の大調和の世界を地上世

界である日本国にもそのまま反映現成《げんじょう》させよう、との大慈《たいじ》大悲《だいひ》の大願《たいがん》から、「汝《なんじ》はこれから現象娑婆世界(日本国)へ降臨して、高天原の理想をそのまま地上に現成させよ」と宣告されたのである。だから、日本国は天照大御神さまの心のままの理想が実現している国なのである。

日本国は、大創造神、根本仏の理想の大願として現成している国なのである。谷口雅春先生がお若い時に、毎朝神戸の本住吉《もとすみよし》神社の近くの「勇湯《いさみゆ》」という銭湯で身を清め、そのあと本住吉神社で日本国の隆昌皇堯《りゅうしょうこうぎょう》の弥栄《いやさか》を祈られたので、その崇高な心に住吉大神が感応《かんのう》されて、住吉大神が谷口雅春先生に生長の家の根本真理を教えて下さったのである。天照大御神の大悲願を受けられて天皇国日本のすばらしさの開花となり、それを永久に伝えん、広めんとの大悲願を持たれたのが谷口雅春先生である。

死を恐れる人たちよ、あなたがこのすばらしい天皇国日本に生《せい》を享《う》けた喜びを、さらにもう一度ご恩報尽《ほうじん》せんと発願《ほつがん》され、楠木《くすのき》正成《まさしげ》公の如く七度生まれ変わって朝敵を亡ぼさんとの大願を建てられたなら、地獄などへ落ちるはずがないのである。

日本国のすばらしさ

日本という国のすばらしさを説いた本は山ほどある。私も集めているが涙の出る思いである。二千六百年続いた万世一系の天皇陛下がおられる。世界最高の偉業が日本の天皇である。

日本は気温も世界一、住みやすいから世界一、自然が美しい、治安も世界一、教養度、教育度も世界一である。自由国家であり、豊かであり、生活格差も世界一小さい。天照大御神の大願を具現《ぐげん》実現しているこのすばらしい日本を再生してご恩報ぜんとの大願を持とう。再生は可能なのだ。すべては願《がん》にはじまる。

汝等皆当《にのとうかいとう》　信受我語及諸仏所説《しんじゅかごぎつしょぶつしょせつ》　舎利仏《しゃりほつ》　若有人《じゃくうにん》　已《い》初願《ほうがん》　今発願《こんほつがん》　当発願《とうほつがん》　欲生阿《よくしょうあ》弥陀国者《みだこくちゃ》　是諸人等《ぜしょにんとう》　皆得不逆転《かいとくふたいてん》

（汝等《なんじら》皆当《みなまさ》に、我《わ》が語《ことば》及び諸仏の説を信受すべし、舎利仏《しゃりほつ》よ、若《も》し人有《あ》りて已《すで》に願《がん》を発《おこ》し、当《まさ》に願を発して阿弥陀国に生まれんと欲する者は、この諸《もろもろ》の人等みな退転せざるなし(その通りになる)。

この『阿弥陀経《あみだきょう》』には「当発願」(当《まさ》に○○すべし)という言葉が何回も出てくる。浄土へ行くと発願せよ……とある。人間の成仏不成仏も発願にある。○○しようと願を立てるべきである。

自分に能力はあっても、せいぜい他人の一、五倍か二倍である。しかし、やる気(願、悲願)は人の一○○倍もある人がある。私は能力があっても願《がん》をもたない人を尊敬しない。

現界《げんかい》と霊界は金貨の裏表

量子力学では、物質は、物質――分子――原子――原子核――素粒子《そりゅうし》、と細分化されていく。原子は十万分の一ミリで電子顕微鏡でないと見えない。その原子がピンポン玉ぐらいだとすると、素粒子は砂粒一つぶぐらいだと量子力学の本に書いてある。と同時に、これらの素粒子は波動的存在だとしている。さらに素粒子《そりゅうし》→幽子《ゆうし》→霊子《れいし》とする考え方もある。人間の念波も幽子ぐらいの大きさで波動となっているのではないか、という人もいる。

「この世の『物質的存在』は人の意識が大きく関与する。意識が現実を創造する（意識の関与者）という概念こそ量子力学がもたらした新しい概念である。即ち対象が観察されている時は存在するが逆にどこにも存在しないと主張できるのである。……またジョンベル博士は『この世という舞台に現われることを許されない何かが幕のうしろで進行しているようだ。その垂幕《たれまく》の後ろでは何かが光より速く伝わり何かが共同謀議している。それは量子力学の科学者にとっては非常に不快である』とも言っている」

（コンノケンイチ著『死後の世界を突きとめた量子力学』）

また同書は次のようにも述べている。

「霊界はこの世の背後にぴったり寄り添って実在しているのである。それは金貨の裏表と同じようなもので現界と霊界は本来別々の世界ではなく一つの世界なのである」

また、スウェーデンボルグの言葉を引用して、「『この世』の人の意識も霊界への影響を与えているが、それ以上に霊界のエネルギーがこの世に強く干渉している」と、谷口雅春先生と同じ主張をしている。量子力学を研究している物理学者が死後の世界（霊界と神界）を認めているのであるから、死を恐れる心配などまったくない。

神は左翼思想を忌《い》み給う

現界《げんかい》と霊界とが強く影響しあっていることを知ってから、私は神に祈ることの大切さを感じ、昭和六十二年三月に教職を退職してから、毎月一日と十五日の月二回朝午前三時に起きて産土神《うぶすなのかみ》（村の氏神様の神社）にお詣《まい》りをしている。

神前に坐蒲団を敷いて神想観をし、「神よ、日本国の皇室を危くする民族、国家より『我らが天皇』を守り給え、日本を危くする民の上に神のみ業《わざ》の現われんことを」と祈り、真剣に神社の森で祈った。（心の底では、ロシア、中国に神のみ業が現われることを願っていた)冬の午前三時は寒く暗く神社の森はさびしく少し恐怖もあったと思う。神社の森の梢《こずえ》を吹く冬の嵐や枝から落ちる雪が頭や肩に落ちた。しかし、ひるむことなく、真剣に祈った。

こうして月二回(年二十四回)参詣年数二十五年合計六〇〇回を祈った時、なんとなんと東北大震災がおこった。私は愕然《がくぜん》とした。私の祈りはなんとわが愛する日本の同朋に影響を与えたのだ。これはいったいどうしたというのか、私は罪悪感すらおぼえてふるえあがって食事がのどを通らぬ思いがした。しかし、ある週刊誌が「日本に天災が起きるときは左翼政権の時だ」と指摘していた記事を読んでほっとした。

神は左翼思想を忌《い》み給うたのだ。阪神大震災がおきた時、時の総理は社民党の村山富市氏であった。兵庫県知事も神戸市長も左翼系であった。東日本大震災も菅直人首相である。菅直人氏は日の丸君ヶ代国旗国歌法に反対した民主党十八人の中心人物である。特に彼は君が代の意味も価値も知らない。社会主義思想は天皇軽視又は天皇制反対である。そんな思想の持ち主だから、それを選ぶ国民は、天照大御神の愛のお悲願に反する投票を行う大罪を犯しているが、そのことがわからないのである。

石原慎太郎知事は東日本大震災がおきた時に「これは罰を受けたのだ」と言われたが、これは実に当たっているのだが、一万人の死者も出たので不謹慎だと思われたのか、この言葉を大急ぎで撤回された。私は大正十二年の関東大震災もこの社会主義思想蔓延《まんえん》のせいだと思っている。

明治四十三年、天皇暗殺計画事件いわゆる大逆事件がおきるくらいの社会風潮があった。大正七年に社会主義運動が日本に蔓延し、大正十二年にこれに対する一大警告としての関東大震災がおきた。つづいて私が生まれる一年前すなわち震災から二年後、天皇護持・国体護持のための治安維持法が生まれたくらいだから、いかに当時ソ連の国際共産主義運動が熾烈《しれつ》だったたか、天照大御神《あまてらすおおみかみ》が天界に在《あ》っていかに憂慮されたかがわかる。

日本国民の皆さん、防災施設、防災訓練も大変重要ではあるが、皇室を尊重し、社会主義政党の甘い言葉に惑わされてはならぬ。折角の防災訓練も災害がおきれば水の泡になる。祖先の心を大切にし、日本を守り給う護国の英霊たちを裏切ってはならない。天皇を守護するために特攻隊員となって敵の軍艦に体当たりして逝《い》った愛国の若い兵士の心にそむいてはならぬ。英霊達も怒りを行動にあらわすかもしれない。生命は永遠に亡びない。死後の魂は今なお祖国を守る熱意で我らの心をいつも見つめておられるのである。

小泉純一郎元首相が靖国神社へ参拝された時、大変不愉快な思いをしたと言って、精神的慰謝料を求めて、東京や大阪などで訴えをおこしたことがあった。国のために尊い生命を投げ出す人もあれば、その人の慰霊をした首相を不愉快だとする人間がいる。天と地との差とはこのことを言う。これらの人は死後靖国の人たちのみ霊《たま》と会うとすれば、どうなるのだろうか。恐らく恥ずかしくて逃げ出すか、英霊たちに罵倒《ばとう》されるか、高級霊の光の眩《まぶ》しさに逃げ出すか、自分の醜さをいやというほど味わうことだろう。

霊は生きていて、この現象娑婆《げんしょうしゃば》世界に大きな影響を与えるのだということを訴えたい。

父母はこの世に現われた如来《にょらい》の応化身《おうげしん》

「親のご恩がわかったら一人前」という。一人前とは給料、日雇い料一人分のことで、合格という意味もある。高岡市戸出町《といでまち》に加藤艶子さんという人がおられた。この方は私が戸出公民館で神仏の愛について講演したあと、篠田さんの家で座談会をした時、「先生、今日の話で、如来のことを『親様』と言われましたので、私は亡き父のことを思い出して、それで泣いたのです」「ああ、それであなたはハンカチで眼頭をぬぐっておられたのですね」「はい、聞いて下さい。私は加藤家へ嫁入りして、戦時中満洲の奉天《ほうてん》で商売をしておりました。私は四十歳ぐらいだったと思います。よせばよいのに、私は『商売に行きづまって五万円の借金で苦しんでいる』と、高岡にいる実家の父に手紙を出したのです。ある秋の寒い夕方、『今晩は、今晩は』と玄関の戸をたたく音がきこえました。私が玄関の店先へ出ると、なんとなんと高岡の実家の父が立っているのです。『あら？　お父さん、遠いところ、どうして来たの』父はにこにこして、『うん、用事があって来たのだ』と申します。『ともかく入って休んで下さい』私は気も転倒せんばかりに驚いて父を迎えました。一通り挨拶が終って、私と主人の前で上着を脱ぎ、胴巻きをはずし、中から百円札五百枚(計五万円)、今日の価格にして五千万円くらい……をぞろぞろ出して並べたのです。『お前の手紙を読んで心配になり、持って来たのだ。遠慮せずと、これを資金にしてがんばってくれ』と言うのです。主人は『お前、どんなことを書いて手紙を出したのか』と驚き、私は有難さにどんなことを言ったのか覚えていません」と涙ながらに話されるのであった。

世の中になんと偉大な父親がいるものだろう。今日では特急列車が走っているが、当時は蒸気機関車で大阪まで行き、山陽線に乗り換えて下関まで行き、下関から関釜《かんぷ》連絡船に乗り、玄界灘《げんかいなだ》を越え、釜山《ふざん》から南朝鮮を通過し、北朝鮮を縦断し、更に大連《だいれん》から当時の満鉄のアジア号に乗車し、奉天《ほうてん》(今の瀋陽《しんよう》)までお金をもって娘を助けようとした父の心、岸壁の母の端野《はたの》いせさんに劣らぬ親の愛、加藤さんは涙ながらに語られた。

なお、加藤艶子さんの父は、戦争が終わり、奉天から帰ってくる娘夫婦を出迎えるため、引揚列車がつく毎《ごと》におにぎりを作って高岡駅へ数年間通われたと言う。他人の私でもありがたいと思う。

人間の親でさえこのように深い愛があるのだから、仏の愛はいかに深いかわかるであろう。だから、死後霊界でつらい時、淋しい時、孤独の時、親の名と阿弥陀如来《あみだにょらい》の名を呼べばよいのである。「われ人民を哀愍《あいみん》(あわれむこと)すること、父母が子を念《おも》うよりも甚《はなは》だし」と『観普賢菩薩行法経《かんふげんぼさつぎょうほうきょう》』に書いてあるからまちがいない。

親のご恩がわかったら一人前

先ほどの「一人前」を大辞典で調べると、①一人に割り当てる分量。②おとなとなること。③人並に技芸などを習得したこと、となっている。

私の地方では、常人並み、完成した人間の意味もある。「あの男は一人前であるとは思われない」などとつかわれている。

さて、母親になる女性は、まず十月十日《とつきとおか》も身重の身で働き、出産するときの辛さを味わう。さらに育児のつらさなども味わいながら子供を育てていく。少し考えれば分かることだが、世の息子、娘たちは気がつかない。むしろ親を苦しめ、親に毒づくのである。

こういう人間は一人前のない人間である。子どもを育て、学校を出し、家を建てる資金を出し、車を買ってやっても、まだ親の有難さがわからぬ。このような人間は一人前のない人間である。

あるとき私が魚津駅前の食堂で昼食をとっている時、がらんとしたその食堂へ二人の婦人が入ってきて四方山話《よもやまばなし》のうち、次のような会話を始めた。

「おらの苦しい胸のうちを、あんたに聞いてもらわんならん。あのね、うちのあんさ(長男)が先月、何言うかと思うたら、『おっ母よ。おら、魚津の○○に家建てたがで、あさってから、この家出るよ。明日は荷物運びするから、あさってからいやちゃ』『ほう、どうして黙ってことわりなしに家を建てたんじゃ、こんな、でかい家があるがに』『朱美(嫁の仮名)が出んか出んか(出よう出よう)って言うもんりゃから建てたがじゃ』『ふ〜ん、いつ建てたがじゃ? お前、銭もっていたのか、相談一つせずにおって』といったら、『お前さ(母)に何か迷惑をかけたか? 銭一文貸せと言うたか、おれたちの勝手りゃねか』」と息子が言ったと言う。

その婦人曰《いわ》く、「おらね、孫二人を保育園へ送るやら、迎えに行くやら、この十年、命がけで孫を育ててやったがいぜ。嫁ときたら、その恩も忘れて、どうでもこうでも、子供に手がかからないようになると、黙って家を出ると言って、そのあと我が家をのぞきもせんがいちゃ。だかのおかげで共稼ぎできたと思うとるの？」

それをきいた相手の婦人は、こんどは自分の家の嫁のひどいコトバ、冷たいコトバを真似しながら、話は延々と続いている。姑《しゅとめ》側にも問題があるだろうが、それにしても、当世は親不孝時代である。

この世で最も恐ろしいのは親不孝の因果《いんが》である。殺人や凶悪犯罪は親不孝の因があって引き起こされる。現代の若者は「親不孝」というコトバさえ知らずに、親不孝を犯している。私はよく講話などで、「眼に見える親のご恩さえわからない者が、阿弥陀仏《あみだぶつ》のご恩がわかるわけがないですよ」と説くのである。

子が親を思うその数十倍の心で、親は子のことを心にかけている。このことがわかったら、その人は一人前の人間と言えるのである。

安政五年(一八五八)、安政《あんせい》の大獄《たいごく》で大老井伊直弼《いいなおすけ》は徳川斉昭《とくがわなりあき》、一橋慶喜《ひとつばしよしのぶ》を処分し、梅田雲浜《うめだうんぴん》、橋本佐内《はしもとさない》、吉田松陰《よしだしょういん》らの処刑を断行した。

吉田松陰は明日、小塚原の刑場で斬首される通告をうけた時、山口に住む両親への手紙を書くことを許された。彼は手紙の末尾に、

親思う心にまさる親心きょうのおとずれ何ときくらむ

身はたとい武蔵の野辺《のべ》に朽ちぬともとどめおかまし大和魂《やまとだましい》

としたためた。

松陰こそ親心というものをよく理解していた最高の親孝行息子であったのである。「親はどんなに悲しまれるだろう」と自分の死の恐怖感どころか、己《おのれ》を越えたもの（親）への愛を感じとった偉大な人物であったのである。

戦時中、日本の敗戦滅亡を憂い、敵艦に爆弾を抱えて体当たりしていった特別攻撃隊員（特攻隊員）の遺書をよんでみよ、いかに彼らが親孝行であったか、親思いであったかがわかる。涙の出る思いである。

仏は無限にゆるす愛

Ｇ県に高田志保子(仮名)さんという方がおられる。この方は大変美人でその娘さんも当然親に瓜《うり》二つの美人。竹下景子にアイロンをかけたような美人であった。

そんな美人だったからＫ町の男が恋を打ちあけ、二人は相思相愛の仲になった。娘さんの喜和子(仮名)さんは、父母に二人の結婚をゆるしてくれるように頼んだ。ＪＲに勤めておられた父は、「他にどんな男でもゆるすが、あの男だけはだめだ。将来不幸になる」と言って断呼として許さない。母の志保子さんは、おろおろするばかりで苦しんだ。こうしたことが父との間で二度くり返されたが、結果は同じであった。そこで二人は、「連れて逃げてよ、ついておいでよ」の歌詞のある「矢切りの渡し」の歌のように、家出した。もちろん、家出だから消息はまったく分からない。母親は身もちぎれる思いであった。

家出をすると一切を失う。茶碗もない、箸もない、布団もない、テレビもない、食卓もない、鍋も何もない。「今頃どうして生きているだろうか」と思うと、つい警察に捜索願いを出したくなる。しかし、ご主人に相談すると、「ほっとけ、かまうな」の一点ばり。「苦しいのは俺の言うことに反対してとび出したからだ。うんと苦しんでそれを反省するがよい」と反対される。

志保さんは、寝ても、覚めても、ただ娘の身を案じ、気も狂わんばかりだったが、半年たち、一年を経過し、もう二年も過ぎる頃になると、「どうにかやっているのだろう。便りのないのは達者な証拠」と思ったりできるようになってきた。

しかし、母としての苦しみは消えない。ご主人に話すと、ご主人も「うん、そうだな、どうしているかな」と言うようになってきた。しかし、志保子さんがあまり何回も「どうしているかしら」と言うと、ご主人はつらいものだから、「うるさい、どうにもならぬことはもう言うな」とどなるように答える。

なぜ親はつらいのか。子供を愛しているからである。私たちの本当の親である如来《にょらい》さまも、愛しておられればこそ辛いのである。

話は飛ぶが、秋田市の郊外にある「聖体奉仕会」のマリア像は、昭和五十年（一九七五年）一月四日から昭和五十六年（一九八一年）九月十五日まで百一回にわたって、血の汗や血の涙を流したことは有名である。今も世界各地からの礼拝者は絶えないという。ちなみにこのマリア像から流れでる血はＢ型であるという。キリストの母のマリア様はＢ型だったのかもしれない。このマリア像を見た人は、ほとんどと言ってよいくらい、「自分は誰かに見られている。私を見つめている誰かがいる」と感じるそうである。

この母マリアと同じく、親というものは有難いものである。

　この寒さ不孝者の居りどころ

この川柳は、「おお、寒い。あの親不孝者は今どこにいるのやら。暖いシャツやセーターやオーバーを着ているだろうか」という意味である。

さて、娘の貴和子さんをいつも心の中に抱いていた母の志保子さんは、ある雨の降る日のこと、玄関の横の居間で縫い物をしていた。すると、

「お母さん」という声がする。

「お母さん」

と再び声がした。気も動転するばかりに玄関に飛び出すと、娘の貴和子であった。

「貴和子！」

と言って、あとは声も出ない。

「お母さん、私、別れたの」

「別れた？　別れたの？」

と、よく見ると娘はあきらかに妊娠している。三度びっくりした志保子さんは、

「まあ、入りなさい」と言って、娘を家に上げた。

ここが大切なところで、娘がこういう状態で家の玄関に立ったら、「まあ、入りなさい」と言うか、それとも「それみたことか、鉄道へとびこめ」「家へ入るな、よくも帰ってきたな、川へとびこんで死ね」と言うか、しかし、親は口で怒鳴《どな》っていても心は子供を愛している、だから入れてやる。

人間の親は子供を赦《ゆる》す。まして神様、仏様は慈悲そのものだから、必ず人間を赦す。人間はこの大いなる神様、仏様のお慈悲の中に生かされている。

「岸壁の母」と弥陀《みだ》の本願《ほんがん》

有名な「岸壁の母」の主人公、端野《はたの》いせさんは十年もの長い間、終戦後、引揚船《ひきあげせん》が舞鶴、佐世保、下関などに着く毎《ごと》に引揚船のタラップから降りてくる引揚者の人たち一人一人にむかって、「牡丹江《ぼたんこう》（満洲）で行方不明になった端野新二の母でございます。端野新二の行方を知っているお方はございませんか」と声を限りに叫んだ。

今日とちがって新幹線があるわけではない。蒸気機関車に乗って、はるばる東京から佐世保港へ舞鶴港へと向った。終戦直後、ホテルも宿屋もなく、人の家の納屋に寝泊まりさせてもらったり、軒下に寝たりした。母なればこそである。

私はこの「岸壁の母」の記念碑をみるために、家内を連れてはるばる北陸線で敦賀へ行き、そこで乗り換えて小浜線に乗り西舞鶴で降りて、タクシーで「岸壁の母」の記念碑のあるところまで行ったことがある。引揚船が横付けされた木製の岸壁はその時にはなくなっていた。私は、その近くに立てられている記念碑のそばに立ったとき、熱いものがこみあげて来て涙ぐんだ。

端野いせさんの祈り、願いは十年や二十年どころか、昭和五十六年八十一歳でこの世を去るまでつづいていたのである。

私たちの本当の親さまである神様、仏様も、なかなか天国・浄土へ来ないで六道《りくどう》(地獄、餓鬼《がき》、畜生、修羅《しゅら》、人間、天上)を輪廻《りんね》している我ら衆生《しゅじゅう》を探しつづけておられるのである。

親鸞聖人《しんらんしょうにん》の『歎異抄《たんにしょう》』に、「弥陀《みだ》の五劫《ごこう》の思惟《しい》の源をよくよく案ずればひとえに親鸞一人が為《ため》なりけり。さればそくばく業《ごう》を持ちにてありけるを、助けんと思《おぼ》したちける本願《ほんがん》のかたじけなさよ」とある。

「如来が五劫もの長い間、苦しみ悩み、考えぬかれたのは、実はこの私(親鸞)を助けんためだったのだ。たくさんの悪業《あくごう》を持つ身なのに、それでも助けて下さろうとする阿弥陀様の本願を思うと、かたじけなさに身が縮まる思いである」という、そのような大自覚、大感動を私たちも持ちたいものである。今も尚、私やあなたに向かって呼びかけておられる如来の呼び声を自覚すると、本当に人生は楽しくなる。これに勝る喜びはないのである。

ある川柳に目がとまった。

井戸のぞく子にありたけの母の声

「危ないよ！」と叫んだか、「そこへ行ったらだめー」と大声を出したか、この川柳には真実が溢れている。神様・仏様は、人間のすべての行動や思いがお見通しである。先ほどのマリア像が私たちの行動を見つめつつ、血の涙を流しているのが何よりの証拠である。

悲願もつ親なればこそ苦しめりまして如来はさぞつらからむ

隣りの子供には悲願をかけていないから、隣りの子が暴走族に入ろうが、麻薬を打っていようが、ギャンブルにのめりこんでいようが、辛い思いをする隣人はいない。しかし、これが我が子の場合、親は実に辛い。親は我が子に悲願をもっている。我が子を見ると実につらい。如来は私たち衆生《しゅじょう》に願《がん》かけをなさっている。それ故、如来は辛い苦しい思いをなさっている。ここがわかれば信仰は本物であり、歓びが自然と湧いてくる。

念仏とは、「南無阿弥陀仏《なむあみだぶつ》」と称えるだけではない。念仏とは「仏を念ずる」「仏の愛や智慧《ちえ》や大願を念ずる」ことなのである。

本当の福祉とは

老人の医療費を無料にする。老人の福祉施設をどんどん作る。介護保険制度を充実させる。デーサービスを増やす。いろいろと政府が考えてくれている。それはたしかに大切な国の制度であろう。

日本国内の医療費は年間三十八兆円にものぼる。この地球上で国家予算一兆円を組めない国家が、約二〇〇ヵ国中、三五ヵ国もある。そうした貧しい国家にくらべて、なんと日本は有難いのかと思う。

「福祉」の「福」も「祉」も示偏《しめすへん》である。「神さま」も「神社」も「祝詞《のりと》」も「祈祷《きとう》」

も「天神地祇《てんしんちぎ》」も「祠《ほこら》」も「祢宜《ねぎ》」（神主の位階）も「吉祥天《きっしょうてん》」も「禮」（礼）も示偏の漢字は、すべて神と関係がある。

だから、「福祉」も、子が親を大切にする、親は子に感謝する、お互いに助けあう、老人が国家国民に感謝する、そこに神仏の匂いがあってこそ真の福祉と言えるのである。

ある日、私はある県立の老人ホームへ講演に呼ばれて行った。その施設の来賓室でN所長さんが次のような話をされた。

「先生、福祉というものにいろいろと考えさせられます。この施設は親不孝者を手助けしているのではないかと思うことがあります」

「私も近頃そう思いますよ」

「実は、先日こんなことがありました」と言って話してくれた。

ある老婆がこのホームで亡くなった。それで、その息子に、

「お婆ちゃんが亡くなりました。お葬式はどうしますか？」

と伝えて聞いたところ、息子は、

「今、忙しいから、そちらで燃やしてくれ」
と言う。そして驚くことに、親戚どころか本人が来ない。それでこのホームで簡単なお葬式を出して火葬にした。

そして十日ほど経って息子がやってきて、
「貯金通帳などないか」という始末である。さすがに、所長はこの息子を叱りとばした。それでも悪びれずに、碌《ろく》なあいさつもせず、荷物でも受けとるように遺骨をもって帰っていった。

その息子だけでない。多くの若い人は老婆を見舞にも来ない。しかし、それでも、たまに孫などくると、老父母たちは小づかいを与えるのを楽しみにしているという。
「人間は恩を知る動物と言いますが、それでも祖父母の愛がわからないのですね。こんな、今どきの不孝者を助けるために私たちが働いているのかと思うと、情けなくなりますよ」

N所長は次から次と親不孝者たちの具体例を私に聞かせて下さった。

本当の福祉とは、息子夫婦たちが老人ホームへ来て、「おばあちゃん、元気ですか。

見舞に来たよ。若いとき育ててくれて有難う。孫がこんなことをしたよ」と孫の合格、就職、結婚などを語り、近所の様子を聞かせたり、肩や足を揉《も》んだり、車椅子に乗せて庭や公園を散歩したり、孫の写真を見せたりする家族とともに、この奉仕を愛と感謝の心をもって老人たちと接することをいうはずである。

安楽死と大往生

ここで安楽死についても書きとめておきたい。安楽死は新聞の社説でその争点を詳細について論じていた。「ピンピンコロリ」の「ＰＰＫ会」をつくろうという人もいる。安楽死は一本の注射液で苦痛がとれて死後の世界へ移行できるもので、あの世へ苦しみを引きずっていかないという意味では賛成である。ただし、死の自覚なしにあの世へ行くと心の整理ができず、中学校へ進学しているのにまだ小学生の根性を捨て切れず、中学校へ入って「さあ、がんばるぞ」の決意もしない。苦しむ患者を安楽死させるのは、今《こん》世《ぜ》の業《ごう》も清算しないであの世への移行はいかがかなと思う。

安楽死させた場合、仏壇での供養《くよう》は、「あなたはもうこの世の生《せい》を全うして霊の世界にいるのですよ。それ故、今生《こんじょう》における一切の恨み、憎しみ、欲望を捨てて、この聖経『甘露《かんろ》の法雨《ほうう》』の功徳《くどく》を受けて、速やかに高き霊層に移って、そこでの修行にお励み下さい」と霊にくり返し説得する必要がある。

さて、「ピンピンコロリ」の死はどうして迎えられるか、私にはその指導能力はないが、「ピンピンコロリ」で逝《い》った人を数多く見てきた。

私も檀家《だんか》である寺の中山順了住職は、ソファに寝そべっていて座ったまま眠るが如き大往生であった。同じくその伴侶の奥方も、健康なままで、ソファに腰掛けて休んでいるとき逝去《せいきょ》した。

また、富山県の南砺《なんと》市の高田外次郎氏夫人は熱心な生長の家の信徒であったが、お正月の新年宴会で、多数の前でマイクを持ってカラオケで歌を歌っているとき、突如ヘナヘナと坐り込んでそのまま息を引き取った。宇奈月《うなづき》町長であった野崎芳朗氏も、病院へ見舞いにきた妻と息子と話し合っているうち突然口を閉じ、黙りこくり、そのまま逝去した。

同じく富山県の立山町に住んでいた林富子女史は生長の家の生命学園の副園長として私を十年近くも助けて下さった信徒であり元教師であったが、名古屋から故郷へ帰った弟夫婦が見舞いに行って、「姉さん、病気なんかに負けないでがんばってね」と激励すると、林先生は、「がんばってね、じゃないでしょう。さよならでしょう。お世話になってありがとう。さようなら」と大声で言って息を引き取った。弟夫婦は、「テレビドラマで死ぬ人は、死ぬ直前までしゃべるけれど、現実の人は、死ぬ前は静かに息を引き取るものだと思っていたから、眠っているとばかり思って本人の体を揺り動かした」と述懐された。

やはり真の大往生は信仰を持っていることである。平素の心がけがものを言う。よく死ぬとき、浄土から仏たちがお迎えに来ると言われるが、私はこれは本当だと固く信ずるものである。

私の妹の夫の木下源二氏は、急性肺炎を患い、宇奈月町浦山の石坂内科外科病院に二年近く入院していた。彼は徹底した無口な男で、唖《おし》ではないかと疑うくらい、平素から言葉を発しない人間であった。人となりは順応型で素直であり、人の悪口は一切語らず、必要なことさえ話さず、一日一回も口を開かずというほどの人物であった。その木下氏が、死の前日、石坂病院の看護婦さんに、「私はあとしばらくして浄土とかいう極楽に行くことになった。長い間ありがとうなー」と話したので、看護婦さんはびっくりして、「この人でもしゃべることがあるのか」と、妻である私の妹に報告してくれた。そして、本当に彼はその後、不帰《ふき》の客《きゃく》としてあの世へ旅立ったのである。

死が近づくと、人の魂は肉体から抜け出して幽界へ片足を入れるのだろうか。かつて私が大変お世話になった東京都多摩市の榊原幹枝先生(故人)は、「私が信仰心を持つことができたのは、私の叔母が死の直前、『大勢の仏さまが私を迎えに来て下さっている。ほら、そこにおられる。幹枝ちゃん、見えるでしょう。ナムアミダブツ、ナムアミダブツ』と連発されて、息を引き取られたのです。信仰は絶対必要だと痛感しました」と語られた。

これが本当の安楽死であり、大往生だと思う。

死ぬことは恐怖《こわ》くない

白隠禅師《はくいんぜんじ》は若い頃に『法華経《ほけきょう》』を読んで、「『法華経』とはたとえ話ばかり集めた物語だ」と思い、あまり感動しなかった。しかし、晩年、再度『法華経』を読んで、「釈尊は何と愛の深いお方だったのか」と悟り、三日三晩泣き通した。「キリスト涙を流し給えり」と聖書にある。

谷口雅春先生も涙を流された。「昭和天皇の人間宣言に靖国のみ霊《たま》たちは涙を流している」と、ある霊能者が谷口雅春先生に告げると、谷口雅春先生はポタポタと涙を流されたと聞いた。

私は老人会の講演会などで、話の最後を次の言葉で閉じることにしている。

「皆さん、死ぬことは恐怖《こわ》くないのです。どうすればよいか。浄土に行くということは仏のグループに入るということです。仏は愛であり、智慧《ちえ》でいらっしゃるから、仏になること即ち成仏《じょうぶつ》することは、仏のもち給う愛の深さ、赦《ゆる》しの深さ、明るさを身に付けることであります。こうして死を迎えれば、私たちは仏のグループに成仏するのです。

人の不幸を喜び、人の出世をねたみ、人の欠点ばかり目につく人は仏のグループに入れません。即ち浄土へ行けない人です。類は類をもって集まる霊界こそ心の法則が実に強く働くところです。『阿弥陀経《あみだきょう》』にも『倶会一処《ぐえいしょ》』とあります。〝一ヵ処《しょ》に倶《とも》に会う〟から浄土は『倶会一処』ですが、地獄界も〝倶会一処〟です。よくお墓の柱石に大きく

〝倶会一処〟と掘り書きしてありますが、あの通りなのです」

『法華経』の寿量品《じゅりょうぼん》に、「五波羅密《ごはらみつ》の修行を何千億年してもその効果は蟻ほど小さい。しかし、『人の生命は永遠に滅びない』と悟る効果はこの修行の何千倍もあり、巨像の如き効果がある」と説かれている。永遠の生命を悟ると悟らないとは、像と蟻との違いである。このことを悟れば、死の恐怖はなくなり、すばらしい霊界へ行けるのである。

啓子さんと良子さんの壮絶な人生

角川良子さん(仮名)の一代記からは学ぶことがたくさんある。まだ義弟、着妹などたくさんいるので名を秘してくれとのことで仮名にする。

群馬県に住んでいた良子さんの母・啓子さん(仮名)には姉と弟がいた。啓子さんの父はお金持ちであったのであまり働かなかった。群馬は「上州名物嬶《かかあ》天下《でんか》に空《から》っ風」と言われるように、啓子さんの母は働き者であった。やがて父は結核にかかり死に、姉も結核に感染して死亡、さしもの財産もつかい果たしてしまった。啓子さんと弟の二人は親戚にあずけられることになったが、つめたい仕打ちの末、啓子さんは十二歳のとき奉公に出た。弟も当時十歳で丁稚奉公《でっちぼうこう》に出て商家の小僧となった。

やがて啓子さんは、良子さんの父・正治さん(仮名)と出会い夫婦となり、男の子が生まれ、ついで良子さんを身ごもった。

さて良子さんの父の実家はU市にある。ある日、U市の実家の正治さんの兄が亡くなった。葬儀が終わって、四十九日の法要で実家に行った。そのとき、父は次男の正治さんに向って、「お前はこの家を継《つ》いでくれ、お前がいなかったらこの家はつぶれる。絶対継ぐのだぞ」と強く言った。そして、啓子さんという妻がいるのに、「長男の嫁である兄嫁と夫婦になれ」と強要した。現在では考えられないことだが、昭和初期の、特に田舎では家を廃絶することは大きな恥であり、家を存続していくことは当主の義務でもあった。

その頃、正治さんは知らなかったが、妻の啓子さんは胎内に良子さんを宿していた。父の正治さんは実家に行ったきり帰って来ない。父の正治さんは、妻の啓子さんに何の連絡もなく、勝手に離婚し、兄嫁と夫婦になって帰ってこなかった。

やがて妻の啓子さんは、夫をいくら待っても帰って来ない理由がわかった。母は一人ぽっちになり臨月の良子さんがいることを夫の正治さんに知らせたが、とりあってくれなかった。こうして嘆き悲しむうちに啓子さんは良子さんを生んだのである。

母は生活のため、よそで働き、赤ん坊の良子さんは広野という家にあずけられ育てられたが、当主の広野氏が死亡した。葬儀がおわったあと、広野家の姉が「あずかって育てている良子の養育ができなくなった」と嘆息した。

「その女の子は私があずかって育ててあげる」、U市の大地主のMさんが申し出てくれて、こうして良子さんは群馬県からU市へ移されて育てられた。

Mさんには子供がいなかったから、良子さんはおんば日傘で、良家のお嬢さまとして文字どおり大切に育てられた。ありとあらゆる贅沢《ぜいたく》な暮らしで、蝶よ花よと育てられた。皆で可愛がってくれた。学校の登下校も下僕下女つきという境遇だった。朝から羽二重《ぶたえ》の着物を着て、お茶、踊り、琴などすべて手ほどきを受けた。M家では良子さんを養女として、きちんと籍に入れてくれたのである。

さて、泣く泣く子供を手放した啓子さんは、はるばる群馬県から蒸気機関車に乗ってわが子良子さんに会いに来たが、良子さんが可愛くて可愛くて仕方のない養父母は、「この子はもらった私の子である」と言って、娘にも会わせず追い払うようにして門前払いをくらわせた。

母の啓子さんは泣く泣く帰っていったという。啓子さんの元の夫もこのU市に兄嫁と一緒にいる。もちろん兄嫁と夫婦になっているので会うこともできない。そして、良子さんは小学校へ上がっても自分の父がこのU市にいることを知らない。

さて、養父の末の弟に正義(仮名)という人がいたが、正義は四〇キロほど離れたT町へ養子に入っていた。ところが地主の家に生まれた彼は、わがままで自我意識が強いためその家をとび出し、良子さんの家へ戻ってきてしまった。

良子さんは小学校四年生の時に戸籍を移して養女となっていたのだが、正義が実家へ戻った時、この家をだれにつがせるか親族会議が開かれた。大方の意見は「血のつながりのない良子よりも、養父の弟であるこの正義がついだ方がよい。良子が後継ぎとなったら私たちと縁がきれる。遊びにも来られぬ」という大方の意見で正義が跡取りとなることになった。

正義は嫁をもらい、子供ができた。次から次と子供ができて四人も生まれた。そうすると、これまで蝶よ花よと育てられていた良子の境遇は大逆転し、待遇が一変した。どんどんと良子の格下げがはじまり、彼女は二十二歳までの十年間、叔父の冷たい仕打ちに泣きどおしのつらい毎日を送った。

小学校四年のとき良子さんを奪われた母は、「良子がかわいい　かわいい」の煩悩《ぼんのう》のつらさ、母としてのつらさから逃れるために、髪をそって尼となった。かつて群馬県からはるばるU市の良子さんに会いに来たのは、良子さんへの今生《こんじょう》の別れの挨拶のためだった。幼なかった良子さんは、母の胸の中のつらさ、苦しみはわかるはずもなかった。良子さんには、これが今生の見おさめだと決意して来た母の心などわかるはずもなかった。むしろ自分を捨てていった母親だというくらいの気持ちしかなかった。

そして、良子さんの母・啓子さんは、ある浄土宗の寺に入門した。しかし、その寺の坊守《ぼうもり》(寺の主婦)が姑《しゅうとめ》をいじめ、姑に邪慳《じゃけん》にふるまうのを見て苦しんだ。遂に坊守が姑にご飯を食べさせないという修羅場《しゅらば》に遭遇《そうぐう》して決断し、その寺を出て曹洞宗《そうとうしゅう》の尼《あま》となった。そして、北は北海道から南は九州まで托鉢行脚《たくはつあんぎゃ》に出て、二度と再び良子さんの顔を見ないという誓いを仏に立てたのである。

良子さんの母への感謝

良子さんは結婚し、生長の家に入信した。そして、「神に感謝しても父母《ちちはは》に感謝し得ないものは神の心にかなわぬ」という谷口雅春先生に天降《あまくだ》った神示《しんじ》にふれ、泣けて泣けて仕方がなかった。

「お母さん、ごめんなさい、ごめんなさい。今までお母さんを恨み、お母さんのご恩を忘れていてすみませんでした。お母さん、どんなにつらかったでしょう、ごめんなさい」

それまでの母への恨みが消え、懐かしい母に会いたいとの思いが募った良子さんは、夫と四国へ行く用件があって、その前にU市の養家を訪問して母の住所をきいたがわからない。それが神の導きか、U市のある庵主《あんしゅ》が母の居所を教えてくれた。四国へ行く前に教えられた尼寺へ電話すると群馬県の高崎にいることが判明した。

良子さんは高崎のG寺を訪ねたら母に会うことができた。良子さんの母は、これまでの来《こ》し方《かた》に愚痴一つこぼさなかった。

「あなたはT家の養母の子、私の子ではありません。でも可愛がってもらってよかったわね。果報者だったわね。私は仏に誓って俗世を捨てた身です。親と子だからと言って仏道《ぶつどう》を外してもよいとはいえません。あなたに会うと迷いが出ます。もうここへはたずねて来てはいけません。私に何があっても案内しないし、あなたも人々に案内してはいけません。私は生きている限りお前に会ってはいけないのです」

母の啓子さんは実に気丈夫《きじょうぶ》な女性であったと良子さんは言う。もちろんそれもある。しかし、私には啓子さんの仏との約束、誓いが先であったろうと思う。信心のしからしむるところだったのだと思う。

苅萱上人《かるかやしょうにん》・石動丸《いしどうまる》と啓子さん・良子さん

啓子さんとのこの対面は、あの有名な苅萱上人《かるかやしょうにん》(苅萱道心とも言う)と石動丸《いしどうまる》の話につながる

筑紫国《つくしのくに》の加藤左衛門尉繁氏《かとうさえもんのじょうしげうじ》は、本妻と愛妻の千里という女とその千里の息子石動丸との四人ぐらしであったが、ある時、妻と千里が昼寝している姿を見てびっくりした。二人の頭髪は蛇のようにとぐろを巻いて、お互いにいどみかかり、まきつこうとしているのである、「ああ、私は二人の女を地獄へつき落としているのだ。罪なことをして生きていたのだ」と心の底から懺悔《ざんげ》して、夜ひそかに家出をし、はるばる高野山へ入山し、仏門に入った。

母の千里と石動丸は諸国の寺々を歩いて父を探したが行方《ゆくえ》は知れない。やがて母子は高野山へたどりついたが、当時高野山は女人禁制で入山することは許されない。母の千

里は当時六歳ぐらいの我が子にむかって、「石動丸や、私は女だから入山できない。父は加藤左衛門尉繁氏、今、仏門に入ったばかりの今道心《いまどうしん》(仏門に入ったばかりの者)をたずね、父を訪ねて母はここにいることを知らせておくれ」と言って、石動丸を高野山へ入れた。幼童《ようどう》の石動丸は高野山に行き、ふと一人の僧に会う。これがなんと石動丸の父であった。

「もしもし、お坊さま、今入門したばかりのお坊さんで、元の名は加藤左衛門尉繁氏という人をご存知ありませんか？」

「なに、加藤左衛門尉繁氏、して、そなたの母の名は何と申す」

「はい　千里と申します。今、この高野のふもとの宿で倒れ伏せっています」

「そうか、してそなたの名は何と申す」

「はい　石動丸と申します」

よくよく見れば我が子の石動丸ではないか。はるばると筑紫の国から、よくも歩いて来たものだ。苅萱《かるかや》は胸のつぶれる思いで我が子を見たが、

「待て、待て、今、仏門に入ることを固く決意し仏に誓った身である。ここで親子の名

乗りをしては元にもどってしまう。これは麓《ふもと》へこの子を帰すしかない」

　苅萱は涙をこらえて、「これ、石動丸とやら、ここには何千人というお坊さんがおられる。だれも元の名など語ろうとしない。仮にわかったとしても、再び麓へ戻る僧侶はいないだろう。あきらめて山を下り、お母さんに『そんな人はいない、早く国へ帰った方がよい』と申して、二人で国へ帰りなさい」

と涙をこらえて説得した。

「私はお前の父親だぞ。よく来てくれたなあ、りっぱになったな、大きくなったなあ」

と抱きしめたい凡俗の心は誰にもある。しかし煩悩《ぼんのう》を断《た》つ決意をした苅萱《かるかや》は断腸の思いで突き放したのである。

　宿へ帰った石動丸は瀕死の母にこのことを告げたが、母千里は失意と旅の疲れで亡くなってしまった。石動丸は行くあてもなく、再び高野山にのぼり僧侶となっていくのである。もちろん、ここでも苅萱は父としての名乗りをしないのである。

良子さんの身に起こった奇蹟とは

苅萱道心と同じ心の母に会い、良子さんはこの石動丸と同じ思いで、これが今生《こんじょう》の母の見おさめと思い、胸のつぶれる思いで母と別れたのであった。

良子さんの母啓子さんは、古武士にも似た武士の魂をもっていた女性であった。昔の人たちは現代人とはちがった強いものがある。現代の人々よ、昔の人の偉さがわかるのか。曰《いわ》く、人権、民主主義、平和、福祉、自由、個人主義、自由平等思想など偉そうな理論を並べているが、はりつけ獄門覚悟で一揆をおこして領主に訴える心情があるか、責任をとって切腹できるか、大楠公《だいなんこう》のように死を鴻毛《こうもう》の軽きにおいて忠節をはげめるか、当時十五歳(現在の中学二年生)の少年たちだった白虎隊《びゃっこたい》のように腹をきれるか。

良子さんは、今にして母の愛の深さと強さを知ったのだった。我が子を取られた口惜しさ、可愛さ、煩悩の苦しさを断ちきるための発願《ほつがん》。それは並大抵の決意ではなかったのである。

次に、それからの良子さんの身に次々に起こった奇蹟を列挙する。これは良子さんの親を思う赤心《せきしん》、おのれをゼロにする真心と感謝の想いから起きたことである。

良子さんは富山県の大川寺遊園《だいせんじゆうえん》へ遊びに行って、さて弁当を食べようとしたとき、大川寺は母が修行していた菩提寺《ぼだいじ》であることを思い出した。弁当を食べないで先ず大川寺を訪ねた。

「母は生きているのでしょうか、生きているとすればどこにいるのでしょうか?」と訊《たず》ねると、「啓子さんなら、五年ほど前に亡くなっていますよ」という住職の返事だった。

良子さん夫婦は胸のしめつけられる思いで母の亡くなった場所や状況を調べた。

母は高崎で亡くなり、その遺体はいまだ群馬大学医学部にあることがわかった。群馬大学では身内の承諾あり次第解剖し、医学生たちの研究に資することになっていた。啓子さんは真白い脚絆《きゃはん》をつけたまま、白装束の尼の姿で寝ており、死顔は土色をして、尊い気品のある顔であった。足の裏は厚く全国を行脚托鉢《あんぎゃたくはつ》して歩いていた証拠を見た感じであった。

「私に何かあっても案内はしない」と言っていた母の決意と約束だったが、娘の良子さんは思わず母の死顔にさわって泣いた。

「お母さん　長い間苦しかったでしょう、ごめんなさい。お母さんの愛情と苦しみが、今やっとわかりました。私をこの世に出して下さったお母さん、ありがとう。良子は、今、幸せにくらしていますよ。安心してね。仏の道も生長の家でよくわかりましたよ。お母さん、親孝行してあげられなくて、ごめんなさい。堪忍《かんにん》してね。さみしかったろうね、つらかったろうね。でもお母さん、偉かったわ、りっぱだわ。夫に裏切られ、娘を奪われ、夫と娘に会うことを断念したんだもの。偉かったわ、お母さん、お母さん、ありがとう、ありがとうございました」

良子さんは号泣した。そして、母との最後の別れのときのコトバを思い出していた。

「私は良子のことしか考えたことはなかったのよ。良子は私の心をいつも占領していたのよ。平凡でよいから幸せになってね。先祖を大切にしていると、いい事があるよ。主人(良子さんの夫)と平和に暮らしてね。私の願いはそれだけよ」

良子さんは再び泣いた。母の死装束を見て、過《す》ぎ来《こ》し年の苦痛を想像し、「お母さん、つらい一生を送らせたわね。私のために、涙のかわくひまもなかったお母さん、ゆるして、ゆるして、ありがとうね」

良子さんは、冷たい母の死体にすがって泣きつづけた。

世のため、人のためとは言いながら　母の仏のような姿を解剖され、腑《ふ》分《わ》けされるのはたまらなくつらかった。それで群馬大学にお願いして、「腑分けするのだけは勘弁して下さい。娘として私の方で葬儀を出したいから、遺体をくださいませんか」とお願いし、良子さんは母の弔《とむら》いを丁寧に済ませたのだった。

奇蹟というのは、良子さん夫婦は、どうして、①数多くある県内の行楽地の中で大川《だいせん》寺《じ》を選んだのだろうか、②弁当をたべたらおそらく帰宅していたろうに、お昼ごはん前に大川寺を訪問したこと、③忙しい住職がたまたま在宅しておられたこと、④母の死がこの富山まで知らされていたこと。

これら四つのうちの一つが欠けても、母の死はわからなかったに違いない。良子さんは、「これは母の導きです。遺体が群馬大学にあることがわかったのも奇蹟です」と言われる。

次に良子さんは貴重な体験に出会った。前述の婿養子から離婚して来て、実家でいばりちらし、良子さんを冷たくあしらった叔父がいた。まして自分の養父母をないがしろにしているこの叔父だけは、どうしても赦《ゆる》せないという気持ちがあった。しかし、良子さんは、生長の家の本を読み、叔父の本体は神の子だから実相《じっそう》は円満完全であると知らされ、赦《ゆる》すことの大切さがわかった。そして、叔父を赦すお祈りをしてから養家へ行った。それまで叔父夫婦は、いつ訪ねていってもお茶一つ出さなかったのに、お茶を出してくれたという。

さて、それからある日、良子さんが山へぜんまい、わらびをとりに行き、いろいろと友人の家で収穫物を仕分けしてから、ゴザの上で神想観をした。

「叔父さんありがとうございます。あなたが帰参されたおかげで、私は今のやさしい、すばらしい主人と会うことができました。今まで恨んでいたことを、どうぞおゆるし下さい。私をいろいろと厳しく躾《しつ》けてくれてありがとうございます、ありがとうございます」と真心こめて、真剣に心のどん底から叔父に感謝した。

と、ちょうど二十回ほども祈っただろうか、ふと眼をあけると、中風《ちゅうぶ》で寝ているはずの叔父が着流しでにこにこ笑って良子さんの前を通りすぎていくではないか。うららかな春の日の午後六時近くであった。あれ、叔父は治ったのかしらとも思った。

良子さんが帰宅してから午後七時半に、

「良子さん、あなた、どこへ行っていたの。今、正義が亡くなったのよ」

「えっ、本当、いつ頃?」

「六時ちょっと前なの、すぐ来てね」という電話があった。叔父さんは、良子さんが心のどん底から感謝するまで生きつづけて、良子さんの前を通りすぎて現世での最後の挨拶をし、良子さんの恨みが消えたとき、使命が終わって息を引きとられたのである。

六時前、叔父が死ぬとき、良子さんに別れを告げに来たのだった。「袖ふれ合うも他《た》生《しょう》の縁」であるが、同じ家に一緒に住むことは大変な因縁《いんねん》がある。叔父が砥石《といし》となって良子さんの業《ごう》を消してくれたのである。

それ以来、良子さんのセールス(営業成績)は日本一となり、このセールスをやめるまでずっと日本一でありつづけた。

父に聞かせた母の苦労

ところで母を裏切って兄嫁と結婚した実父には一度も会ったことはない。同じ市にいながら会わないのは、母を裏切った恨み、自分を捨てた怨みである。養父には感謝できたが、実父はゆるせなかった。「よくも裏切ったな、母を苦しめたな」という思いは、すでに父が亡くなっていると聞いていても消えなかった。

「神に感謝しても父母《ちちはは》に感謝し得ないものは神の心にかなわぬ」

という谷口雅春先生の神示《しんじ》にあるように、「よし、あの父をゆるし、父に感謝しよう」と決意し、実父の家の姓（苗字）をさがし、「お父さん、ありがとうございます。ありがとうございます。どうぞ、あなたのお墓へ参らせて下さい」と祈っていた。

するとと、知人の山田智子さんが、「良子さん、今日○○家で誌友会をやるの。ぜひ来てね」と、生長の家の集まりがあることを教えてくれた。

良子さんが、何の気なしに行くと、なんと、その家は良子さんの母を捨ててその家の嫁と結婚した実父の家である。座敷へ入って坐ってみると、実父の写真が飾ってある。

「ああ、この人が私の父親だったのか」

と思い、この人がおられたから、私はこの世へ生まれたのだと思えるようになって、涙を流しながら父の写真と初対面したのだ。

その時、地方講師の山川さんに、「そんなところに居ないで、もっと前へでなさいよ」と強くすすめられた。しかし良子さんは生長の家に入信して五ヵ月もたっていない。しかし、とうとう仏壇の前まで来てしまった。「良子さん、何か話してくださいよ」と山川先生たちが強引にすすめる。良子さんは困ってしまったが、周囲の人たちが認めてくれない。

「よし、この写真は実父だとはだれも知らない。それなら、実父の前で母がどんなに苦労したかを話そう」という気になったのである。この会の参加者には実父を「ある男」として扱い、母の名を実名にして亡父に語りかけるようにわかりやすく、裏切られた母の苦しみを詳しく語った。

なんたる奇蹟であることか。父に会えたこと、父が生活していた家に入れたこと、亡き父の前で亡き母の苦しみを語れたこと、母の一代記を父の前で語れた奇蹟、父に聞かせているとはだれも知らなかった。

糖尿病癒《い》えて、極楽浄土を見る

良子さんの奇蹟はまだまだ続く。良子さんの戸籍は、実父が実家へ帰ってから生まれた子だから私生児となっている。それで恋愛相手と結婚しようとした時、良子さんが私生児だということで、相手の父は、「そんな、どこの馬の骨ともわからない女との結婚は許せない」と猛烈に反対した。そのため、一旦、結婚話は中断してしまったことがある。

それでも何とか結婚できて、さて夫婦になっても、この「馬の骨」と言われたことが口惜《くや》しくてならず、舅《しゅうと》を恨んでいた。そして生長の家を知って、「この夫を生んで下さった舅さま、お義父《とう》さん、私はひねくれていてすみませんでした」と真剣に感謝し、泣くようなつもりで懺悔《ざんげ》したところ、良子さんが十数年間、血糖値が高かったものが、翌日正常になり治ってしまったのである。

その後、生長の家の練成会《れんせいかい》を受けに行ったときのことである。雨の日であったが、「ありがとうございます」と連発していたら、「雨さん、ありがとう、ありがとう」と泣いて雨に感謝できた。そして、「雨にも生かされているのだ」と心底から思った。帰りの電車の中から常願寺川《じょうがんじがわ》に降りている鷺《さぎ》を見て、「あれ、神さまのみ使いたちが常願寺川の河原にいるわ」と実感した。それをしみじみ味わい、「ああ、この世は天国だなあ」と思った。その夜、買ってきた神想観《しんそうかん》のテープをかけて「如意宝珠観《にょいほうじゅかん》」の神想観を実修し、正坐合掌していたところ、不思議にも、霊眼に天国浄土がはっきりと現われたのである。

「如意宝珠観」の言葉のあるとおり、龍宮城があらわれ、何とも言えぬ美しい建物があらわれ、天女たちが長いうちわをもって並び、ぞくぞくと何百人も現われてきた。その中に乙姫さまとおぼしき天女が現われ、良子さんに向かってにっこりとほほえまれた、と言う。

その極楽浄土の美しいことといったら、童謡の浦島太郎の歌のとおり、「絵にもかけない美しさ」と言うしかない。柱はすべて翡翠色《ひすいいろ》で半透明、ふと眼をあけたら天井に天女が舞っていた。その日一日、天女が良子さんの上に舞を舞っていたという。

経文に「極楽は去此不遠《こしふおん》（ここを去ること遠くなし）」とある。即ち、極楽浄土は、今、ここ、自分の中にあるのであるから、良子さんが、現世の人間すべてを浄化されたとき、本当にあるものが、何ものにも防げられずにスーッと出て来たという他はない。

この啓子さん、良子さん母子二代にわたる長い長い物語は、実に多くのことを私たちに教えてくれている。私たちもまた真剣に人生を歩まねばならない。

感謝が一切の運命を開く

私のような者でも離婚問題、不登校、病気など解決してあげられるのは感謝の心を起こさせるからである。感謝は人間関係や出世や商売、事業にも絶大な効果をあらわす。

Mさんは従業員二十名をあずかっている製造業(鉄工)の社長である。すべり出しは誠に順調だったが、製造――販売――集金――給料と順調にはいかなくなり、ある年、資金ぐりがつかなくなった。

銀行はもちろん貸してくれない。高利貸のところへ行ってもダメ、親戚縁者は貸すお金をもっていない。八方金策に走りまわったがすべて無駄。あと一週間で従業員に給料を払わねばならない。

「経営者って何と因果《いんが》な仕事だろう」と、もう足が棒のようになって床に入ったが、なかなか寝つかれない。その時ふと、

「森田先生が『感謝をするといかなる問題も解決する』と言われたなあ。それじゃ、一つ感謝してみるか」というわけで、Mさんは床の上で「ありがとうございます。ありがとうございます。ありがとうございます。ご先祖さま、ありがとうございます。従業員の皆さま、取引先の皆さま、ありがとうございます。親戚の皆さま、ありがとうございます。家族の皆さま、ありがとうございます。ありがとうございます」と五分間ほどや

って見たが、全然ありがたくない。

「こんなことで解決するものか」と思って、そのまま寝てしまった。

翌日再び金策に走ったけれども誰も貸してくれない。「ああ、疲れた」と思って寝てしまった。

次の朝、再び床の上で正座して〝感謝行《かんしゃぎょう》〟をしてみたが、さっぱり有難くない。あと三日で給料日、さあ困った。

「よしっ、私の会社を買ってくれる人をさがそう。倒産するよりはよかろう」と思って、終日、この会社を買いとってくれる鉄工会社を訪ねたが誰も助けてくれる人はいなかった。

翌朝のこと、「ああ、床の上でやっているからいけないのだ。よ～しっ、仏壇の前で感謝しよう。ありがたい心がおこるまでやるぞ」

と決意して仏壇の前に坐った。

「ご先祖さま、ありがとうございます。お父さん、お母さん、ありがとうございます、ありがとうございます……」

と言っているうち、「この仕事をはじめるとき、父や母が大切に貯《た》めていたお金を融通（贈呈）してくれたっけ。俺は今まで一度だってそれに感謝したことがあっただろうか」と思うと涙がにじんで来て、「ありがとう」が言えないくらいになった。

「従業員の皆さん、ありがとうございます、ありがとうございます……」

と口に出して言っているうち、

「従業員はこんな俺に社長、社長と言ってくれる。一所懸命働いていてくれている。それなのに、おれは感謝するどころか、お前たちを食わせてやっているのだぐらいに思っていた。自分は彼らに『ありがとう』とねぎらいのコトバも与えず、感謝もしていなかった」

「何という傲慢《ごうまん》な自分だったのであろう」と心から懺悔《ざんげ》が沸々とわき上がってきた。そして続けて、「近所の皆さん、親戚の皆さん、ありがとうございます。ありがとうございます……」と言っているうち、

「この工場を建てるとき、先祖代々の土地を売ってくれた地主の皆さん、どんなにつらかったろう。しかるにこのおれは、『土地代を払ったからいいだろう』と一つも感謝し

なかった。ああ、すまなかった。すまなかった」と涙を流しながら、「ありがとうございます」を連発した。すると、また、「お金を貸してくれた銀行の支店長さん、ありがとうございます。すまなかった。独りでは全く何もできないのに、銀行の支店長がいたからこの工場が立ったのだ」

と泣けて泣けて仕方がなかった。

「女房よ、ありがとうございます。ありがとうございます。……」

と言うが早いか、もう「すまぬ、すまぬ」のコトバしかなかった。

「人は女房を沖縄やハワイや北海道旅行などに連れていっているのに、おれは妻に働かせっ放しだった。愚痴一つ言わずついて来てくれたなあ」

Ｍさんはもう仏壇で男泣きに泣いた。

「もうどうなってもよい。このような自分は倒産したっていいのだ。おれはバカだったんだ。もうどうなってもよい。従業員に正直に言おう、告白するしかない」

と決意して朝ご飯をたべ、親しい友人に倒産のこと、不渡りのことを話に出掛け、会社へ来たのは九時半だったと言う。

すると突然、「社長、大阪から電話です」というので受話器をとりあげた。

「あ、Mさん、○○だよ。景気はどうかね」

の電話。そして大量の新規注文。

「いやあー、ありがたいですが、今、資金ぐりで困っているんです。だれもお金を貸してくれないので社員の給料も払えないので困っているのです。お支払いの条件によっては、ご注文を受けても給料が払えないので……」

というと、「いくらほしいのかね」と言う。

「実は○○○万円ないとこの月は過ごせません」

「よーし、わかった。そのうちの○○○万円の手形を今日すぐ発行してあげよう。現金も三分の一を君の口座へ振り込んであげよう。その代り納期を守ってくれよ」

との神の声、天国からの声だった。製品も仕上らないのに三分の一を現金で先払いするという。常識では考えられない天の声である。

「ああ、森田先生の言われたのは本当だった」と、その場で何度も〝ありがとうございます〟と繰り返した。

さて、ともかく給料を払わねばならないので銀行へ走った。支店長のもとへ近づくや否や、「Mさん、お金ならいくらでも貸しますよ」

「えーっ、どうしてですか。昨日まで断りつづけていたくせに。どうしてまた」

「いやあ、なんでもないですよ。あなたの顔にちゃんと出ている」

という。しかし、資金の目途《めど》もついたと言うと、「いや、うちも応援しますよ。いくらほしいのですか、要《い》るだけ貸しますよ」

というのだった。

この話は偶然だと思う人がいるかもしれない。しかし、生長の家の経営者の集まりで、名古屋の森藤技研の社長、森藤左衛門《とうざえもん》氏も同じような体験を話されているのである。

森社長も倒産寸前になり、八方ふさがりで、「ええい、ままよ」のつもりで宇治で練成を受け、浄心行《じょうしんぎょう》(懺悔《ざんげ》と感謝の行事)をやり、道場の畳がぬれるほど泣いた。泣いて泣いて懺悔と感謝をした次の日の午前十時に、「アメリカのビル会社からエレベーターのドア、何と八年間分の注文があった」というのである。

富士の頂上（実相《じっそう》）は晴天である

東京のある企業が私を講師に招いて下さった。そのとき出迎えに来られたある奥さんが、

「先生、私は会社の社宅に住んでいるのですが、そこは上司と部下の家庭が混ざっていて、上司の奥さんは威張《いば》ったり、命令したりする。そのほかにも、毎日、噂《うわさ》や悪口の渦が巻きおこり、もうつらくてつらくてかないません。それに加えて、子供たちの学校の競争、習いものの競争、塾の競いあい、私はもう疲れはてています。どうしたらよいでしょう」

と話して下さっているうちに講演会場へ着いてしまった。「このことは私の講演の中へ入れましょう」と言って別れた。

私は講話の中に「実相《じっそう》と現象《げんしょう》」の説明をし、ともかく眼には見えないけれども実相世

界は厳然としてある。それは壮厳無比なる美しい、正しい、自由自在なる、至美至妙の世界である。本当の人間は実相の世界に今、今　今、すでにいるのだとたくさんの例をあげて説明した。

谷口雅春先生がおっしゃるとおり、この実相世界はすべて晴天である。だから、本当はこの世も晴天のはずだが、雲が懸《か》かり、霧が覆《おお》い、雨が降って、日光が遮《さえぎ》られて晴天ではないと思う。しかし、晴天は雲の上、霧の上、雨の上に厳然としてある。

しかし、この世の人間の心には、様々な悪心、むさぼりの心、愛欲煩悩《ぼんのう》の心、短気な心、憎しみの心、怒りの心、嫉妬《しっと》の心、怒りの心、などの心の雲が渦巻いている。本当はすべて晴天なのに、迷いの雲や霧がこの世を暗く見せている。雲が真実の世界を隠してしまっている。

しかし、それらの雲は本当にあるものではなく、人間が勝手に作ったものである。こんな雲は人間が懺悔《ざんげ》して捨てさえすれば消えるのである。だから親鸞《しんらん》も雲霧《うんむ》の上は明るいのだ、闇は無いのだと説かれた。そして、本来ない雲はひょっこり出て来て雨になって消え、風に吹きとばされて消える。だから永久的な存在ではないぞ、仮存在《かりそんざい》だぞ、と説かれたのである。

だから、人から悪口を言われたら、「ふじの山」の歌を歌えばいい。

あたまを雲の　上に出し
四方の山を　見おろして
かみなりさまを　下に聞く
富士は日本一の山

頭を雲の上(実相《じっそう》)に出して、現象の隣りの奥さんを見下《みおろ》して、悪口、怒り、どなり声などのかみなりさまを下に聞いて、日本一の富士山の頂上に私はいるのだ、と自覚すればいい。息子やご主人に怒鳴《どな》られたり、ひどいことを言われたら、歌うことだ。私は先の奥様を念頭に置いてこのように話した。

講話が終わった三日後くらいの頃、あの社宅の生活で苦しんでおられた奥さんから電話があった。「先生、私は新宿のホテルにパートで働いているのですが、清掃の仕事をしながらこの歌を歌い、家で台所仕事をしているときにも『ふじの山』を歌っています。楽になりました。あの歌は私の宝にします。ありがとうございました」と礼を述べられた。現象《げんしょう》を離れると楽になる。現象に捉《とら》われたからつらかったのである。

覚者《かくしゃ》は同じ真理を説く

真言宗の『安心教示章』に、

「真如《しんにょ》外にあらず、身を捨てていずくにか求めん。有漏雑染《うろぞうぜん》の我らが胸中に五智四身一つも欠くることなく、本来円満にしてそなわれり。これを凡聖不二《ぼんしょうふに》の宗要《しゅうよう》とす」

「実相(真如)は外にないぞ。お前のなかにある。この身を捨ててどこを探しまわる必要があろうか。有漏雑染(人間の体から漏れる汚い眼くそ、鼻くそ、汗、大小便)の我らの中に仏が宿っているのだよ。これは凡夫《ぼんぷ》も聖人も不二(一つ)なのだ。これを真言宗の要《かなめ》とするぞ」と申されている。

禅宗の一休禅師《いっきゅうぜんじ》は、仲のよかった蓮如上人《れんにょしょうにん》とよく手紙の交換をなされたが、その中にこんな歌がある。

仏とて他に求むる心こそ迷いの中の迷いなりけり

弥陀仏《みだぶつ》はみなみ（皆身、南）にあるを知らずして西を求むははかなかりけり

「西方極楽浄土《さいほうごくらくじょうど》」というが、極楽は西方にはないのだ。みな自分の身の内にあるのだ。如来《にょらい》の命がこの身に宿っているのだという意味である。

また、面壁《めんぺき》九年と言われ、壁に向かって九年間も坐禅をされた中国の達磨大師《だるまだいし》は、「中国中の四百余州を過ぐれども、悟らざるもの一人もなし。すべて覚仏《かくぶつ》なり」といわれた。人間はすべて「覚《さと》れる仏」である。覚《さと》るとは目が覚《さ》めること、「人生すべてこれ夢である。本当の私は仏だったのだ」という自覚が悟りである。

『般若心経《はんにゃしんぎょう》』はこれを最も簡単に要約している。亡者《もうじゃ》や迷いの霊にこの本当の意味を説いてきかせると成仏《じょうぶつ》していくことは、私も数多く体験している。

禅宗の『修証義《しゅうしょうぎ》』の中にも、「我らは仏である」と説いている。

「生を明《あか》らめ、死を明《あか》らむるは、仏家一大事の因縁《いんねん》なり。生死の中に仏あれば生死なし」「生と死の意味を究《きわ》めることは、仏教徒の一大因縁事である。本当の人間は仏なのだから、生死（肉体）の奥に仏がおられるから、本当の人間はこの世に生まれることも

ないし、死ぬこともないのだ」という意味である。だから、今日から死ぬ心配や恐怖心はなくなるはずである。また同経に、

「仏祖《ぶっそ》の往昔《おうしゃく》は吾等《われら》なり。吾等が当来《とうらい》もまた仏祖ならん」とある。

我らは昔、仏だった。だからこれから先も仏なのだ、と説いている。

真言宗の『勤行集《ごんぎょうしゅう》』には、

われは仏の子なり
ひとえに如来大悲《にょらいだいひ》の本誓《ほんぜい》を仰いで
不二《ふに》の浄信《じょうしん》に安住し、
菩薩利他の行法《ぎょうほう》をはげみて
み仏の法身《ほっしん》を相続し奉《たてまつ》らん

とある。仏だから、菩薩だから、利己ではなくて利他の心で、仏の心を相続しようということである。

仏教、特に真宗でいう「罪悪深重《ざいあくじんじゅう》の凡夫《ぼんぷ》」とは、肉体の我《われ》、死んでいくこの肉体のことであって、即ち現象娑婆《げんしょうしゃば》世界にいる「我《われ》」のことであって、本体の「私」ではないの

である。

私の十箇条

人間が本当に肉体であり物質であるならば、愛も智恵もなく、霊的自覚も出てこない。物質から愛は出てこない。単なる肉体であるなら、なぜお正月にお宮参りをするのか。肉体が単なる食物消化機械でしかないのなら、なぜ人間は芸術に憧れ、神仏に帰依《きえ》しようとするのか。

美しさがわかる心→花→感動

猫・犬→花→無感動

実相《じっそう》・仏性《ぶっしょう》→神仏→憧れ、帰依・帰入

と図で示せば、人間は単なる物質ではないとわかる。

釈尊は、もともと「生老病死《しょうろうびょうし》」(生きる苦しみ、老いる苦しみ、病の苦しみ、死の苦しみ）の四苦《しく》、「愛別離苦《あいべつりく》」（愛しあっている親子夫婦の別れの苦しみ）「求不得苦《ぐふとくく》（家を建てたい、出世競争で勝ちたい、お金がほしいと求めても得られぬ苦しみ）、「煩悩盛苦《ぼんのうじょうく》（食欲、性欲、名誉欲、睡眠欲などの苦しみ）、「怨憎会苦《おんぞうえく》（憎しみ合っているものがこの世で再び会う苦しみ、気にくわぬ者と一緒に職場で働く苦しみ）の四苦、合わせて「八苦」を解決するために、法を説きはじめられた。

私は、既に述べたように、終戦時、九死に一生を得て生還した。父が三百六十五日、仏前で私の武運長久《ぶうんちょうきゅう》を祈ってお経をあげていてくれたからだと思う。全く仏恩《ぶつおん》と先祖の加護《かご》がなかったら、この世に生きていなかっただろう。

このご恩を何とか返したい、亡き戦友の分まで生きて、彼等の供養をしたいと常々思っていたとき、別府の海軍病院の図書館で谷口雅春先生の『生命《せいめい》の實相《じっそう》』第三巻と四巻に出会った。そして神仏の存在を知り、やがて生長の家の地方講師となり、招かれて各地を巡講してきた。

その間の講演回数は少なく見積もっても三〇〇〇回を越えているが、いつも生命《いのち》がけで語るべきとの思いを忘れたことはない。私は次の十箇条を講演の中に入れるよう心がけてきた。

1、生きているということはどういうことか。何のために生きているのか。
2、死は何を意味するのか。死ぬことは一つもこわくない(霊的存在を説く)。
3、神仏はおられるのか。神仏は人間を愛していて下さるのか。浄土はあるのか。
4、念仏、題目で救われるのか。救われる理由とその具体例。
5、罪と業《ごう》、なぜ罪は赦《ゆる》されるのか。消えるのか。
6、因果応報《いんがおうほう》は厳然としてある。その具体例を説くこと。
7、生きざまに通じる輪廻転生《りんねてんしょう》を説くこと。
8、感謝の生活。歓びの発見方法を教える。
9、夫婦、親子などの人間関係をうまくもっていくための心構えと言葉の使い方。
10、人間の本体は仏性《ぶっしょう》であり、神の子であるということ。

私は、この十箇条を説かなければ聴衆を救ったことにはならないと考えている。

生かされているという自覚

神様・仏様は、どんな極悪人《ごくあくにん》も洩《も》らさず救い取ることにある。しかし、人間には無限の自由が与えられているからすべての人が浄土へ行くとは限らない。

確かに、人を何人も殺した極悪人でも、すでに救いのみ手の中にある。しかし、天国浄土へ行けぬ。それは、本人自身、「おれは神の子・仏の子だとしても、自分はこれだけの悪いことをしたのだから、浄土へ行けるはずがない」と思うから、心の法則で、いつの間にか風呂敷包みで頬かむりするあの泥棒と同じく、弥陀《みだ》の前に顔を出さない。

神想観《しんそうかん》のときに唱える招神歌《かみよびうた》は次の通りである。

生きとし生けるものを生かし給える御祖神元津霊《みおやがみもとつみたま》ゆ幸《さきは》え給《たま》え

吾《わ》が生くるは吾が力ならず天地《あめつち》を貫きて生くる祖神《みおや》の生命《いのち》

吾が業《わざ》は吾が為《な》すにあらず天地《あめつち》を貫きて生くる祖神《みおや》の権能《ちから》

天地《あめつち》の祖神《みおや》の道を伝えんと顕《あ》れましし生長《せいちょう》の家 大神《いえのおおかみ》守りませ

たった四首の歌に祖神《みおや》という言葉が四回も出てくる。歌の意味は平易で誰にでも分かると思う。

「生きているすべてのものを生かしている親様である大生命より大いにいのちを湧きいだし給え。私が生きているのは私の力ではなく、天地を貫いて生きている親様である大生命である。私が行《おこな》っていることは私がしているのではなく、天地を貫いて生きている親様である大生命である。その天地の親様である大生命の道を伝えようとしてこの世に現れた生長の家の神という応化《おうげ》の神様、私を守護し給え」という意味である。親様である神様への祈りは、子が親に対するお願いでもある。

「祈りはすでにきかれたりと思え」とはキリストの言葉であるが、キリストもまた、「神はわが親である」と強く信じていたのである。神はわが祖神《みおや》といつも思うことが大切である。

さて、こんな歌がある。

わが眼にて月をながむと思うなよ月の光で月をながむる

月も地球も太陽とちがって自分で光ることができない。太陽が月を照らしているから月がみえるのである。「だいたい物が見える」ということは光があるからである。夜、なぜ物が見えないのか、光がないからである。人間の眼から光が出ているから見えるのではない。

わが機《き》にて弥陀《みだ》をたのむと思うなよ弥陀の力で弥陀をたのむぞ

「機《き》」とは救われる因縁《いんねん》のあること、その因縁によって弥陀の救いを得るのだとは思うな。弥陀の力で弥陀の救いを得るのである、という意味である。ちょうど自分の眼の力で月をみているのではなく、太陽の光で月を見ているのと同じである。

執着を捨てる

この世という浄土大学予備校で学ぶべきことは執着を捨てるということである。しかし、「捨てる」ことはいかにむつかしく至難なことであることか。

政界の議員は、議員になる時よりもやめる時の方が二倍も三倍もむずかしいと言われる。議員に付属している名誉、地位、後援会組織など、それらを捨てて他人に譲るのはむずかしいのである。骨董品《こっとうひん》に執着のある人は、何千万円もする掛軸や陶磁器を息子が二束三文で売るのではないかと思うと、執着心が邪魔して高い霊層へは行けない。演歌も執着心の文句がとても多い。昔は「艶歌」と言ったが異性への執着心が唄われている。だから死ぬ時は演歌をやめて念仏をとなえなければならない。

一心に神様、阿弥陀《あみだ》様に心を帰して、自分は神・仏と一体であると念ずることである。現世における名誉、地位、財産、恋人(配偶者)を捨てて、執着心なしであの世へ行ける人は覚者《かくしゃ》である。

なぜ捨てていかねばならぬかというと、次の世界では無価値だからである。前にも述べたように、保育所を卒業して小学校へ入学する時、保育園で使っていた玩具や制服を捨てて入学する。小学校では玩具を使わないからである。小学校から中学校へ入学する時、使っていたトレーニングウェアやランドセル、教科書全部を捨てる。使わないからである。あの世では、この世での価値あるものは一切否定される。特に物質的なダイヤモンド、お金、家屋、衣服などはまったく無価値である。

「仏法《ぶっぽう》(真理)遇《あ》い難《がた》し」

この世は因縁仮和合《いんねんけわごう》の世界という。大豆は芽が出る〝因〟をもっている。しかし、水、太陽の光、柔い土、肥料という〝縁〟に会わないと芽は出ない。乾いたままでは芽が出ないし、縁の下にあれば光に会わないから芽が出ない。固いコンクリートの上でなく、柔い土という〝縁〟に会わねばならない。因と縁とが和合して果《か》(結果)を生じる世界がこの世である。

すべてのものは因縁が和合してできている。娘は子供を生む因をもっている。そして夫というご縁に会って、母という果が生じる。

「仏法」とは真理のことを言う。キリストの説かれた真理、谷口雅春先生の説かれた真理、およそ宇宙の大法を説く教えはすべて真理であり、「仏法」である。この因縁がな

ければ出会えないという意味で「仏法遇《ぶっぽうあ》い難《がた》し」という。真理(仏法)に会うためには、

1、真理(仏法)を語る人がいなければならない。しかもその人が本物の真理(仏法)を語らねばならない。

2、その時、その場所にいるか、そこまで行くか、ともかく場がないと会えない。

3、自分はその時、それを聴く時間を持たねばならない。多忙だったり、家や親戚に葬式、法要、結婚式があれば聴くことができない。

4、次に自分が健康でなければならない。自宅療養や入院していては聴聞《ちょうもん》は不可能である。

5、その他、そこに教えの導師が来ることを教えてくれる人やパンフや案内状がなければならず、そこへ行くまでの旅費も必要だし、本を買うだけのお金も必要である。

6、遠距離ならば行けないし、交通機関も必要である。

これらのうち、一つ欠けても真理を語る導師に出会えない。まさに「仏法遇《あ》い難《がた》し」というわけである。

これら六つの条件のほかに、何よりも求道心をもって聴聞しようとする心がなければ、この六つの条件が揃《そろ》っていてもあえて行こうとしないのである。

真理に会うということは、いかに至難の業《わざ》であるか、そんなことは有り得ないことである、有り難いことである、ということから「有難い」という言葉が出て来たのである。

浄土には悪感情はない

浄土の「浄」は争いを氵（さんずい）に流すと書く。氵（さんずい）は水を表わす。「洗」「泳」「流」「河」「海」「涙」「汗」「汁」「滝」「灌」「湯」などすべて氵（さんずい）は水である。争う心をもつ者は浄土へ行けない。『阿弥陀経《あみだきょう》』の極楽の説明には、浄土には悪（地獄、餓鬼《がき》、畜生《ちくしょう》）という言葉さえ無いとある。生長の家の「七つの灯台の点灯者の神示《しんじ》」にも「神は助けとうても争いの念波は神の救いの念波をよう受けぬ」とある。その本文の一部を紹介する。谷口雅春大聖師に降《くだ》された神示《しんじ》である。

「汝《なんじ》ら天地一切のものと和解せよ。天地一切のものとの和解が成立するとき、天地一切のものは汝の味方である。天地一切のものが汝の味方となるとき、天地の万物何物も汝を害することは出来ぬ。汝が何物かに傷《きずつ》けられたり、黴菌《ばいきん》や悪霊に冒されたりするのは汝が天地一切のものと和解していない証拠であるから省みて和解せよ。われ嘗《かつ》て神の祭壇の前に供え物を献《ささ》ぐるとき先ず汝の兄弟と和せよと教えたのはこの意味である。汝らの兄弟のうち最も大なる者は汝らの父母《ちちはは》である。神に感謝しても父母《ちちはは》に感謝し得ない者は神の心にかなわぬ。天地万物を和解せよとは、天地万物に感謝せよとの意味である。本当の和解は互いに怺《こら》え合ったり、我慢し合ったりするのでは得られぬ。怺《こら》えたり我慢しているのでは心の奥底で和解していぬ。感謝し合ったとき本当の和解が成立する」

この神示《しんじ》から見れば、「恨み」「怨念」「怒り」「憎しみ」「軽蔑」「羨望《せんぼう》」などの感情をもってあの世へ行けば、浄土へはとても行けない。

韓国の小学生は反日教育を受けているそうだが、愛国心とは憎しみを植えつけることではない。「韓国とはこんなに運がよい。神々が守り給う国である」として自国を語ればよいのに、「恨《こん》・怨《えん》」の哲学を根拠にして日本を恨んでも、国民は浄土へ行けない。浄土には毛一本ほどの悪感情も存在しないからである。

同じことは中国にも言える。中国の反日教育は更にすさまじい。しかも嘘のかたまりである。「日支事変《にっしじへん》は侵略戦争ではなかった」ことは、多くの研究者が証明していることである。

しかし、この韓国に日本はどんな態度で接してきたか、三点だけを列挙する。

１、頼みもしないのに日露戦争でロシアからの侵略を日本が守ってくれた。何十万人の若い日本の青年が血を流して韓国を守ってくれたのである。もしロシアに占拠されていたら今日の韓国の繁栄もなく、スターリンによって何十万人という知識人、政治家は処刑されていたであろう。

２、日本は北海道帝国大学、九州帝国大学などをつくる前に京城帝国大学（ソウル大学）を建て、港湾、鉄道、道路、橋、病院、小・中学校などたくさんの税金を使って作ったのである。

３、日本人は在外資産は三兆円ぐらい放棄して帰り、逆に五億ドルの経営資金を無償供与して、今日の韓国をつくったのである。

恨《こん》の心は永久に国民の心を和らげない。その心で死ぬと、ほとんどの人は、心の法則である「三界《さんがい》は唯心《ゆいしん》の所現《しょげん》」(この世はただ心が現すところのものである)により、よいところへ行けないだろう。

親鸞《しんらん》の覚り

人間が本当に肉体であり物質であるなら、愛も智恵も何もない。物質から愛が出てくるわけがない。物質から、神におまいりする心、仏に憧れるような心は出てこない。肉体が単に食物消化器でしかないのなら、人間は芸術や神に憧れない。

猫の心は花の美しさに同調しないから感動しない。神仏をみる人間は、神の子であるから神に憧れる。

親鸞《しんらん》は「和讃《わさん》」にこう述べられた。

解脱《げだつ》の光輪《こうりん》キワモナシ
光触《こうそく》カブルモノハミナ
有無《うむ》ヲハナルトノベタモウ
平等覚《びょうどうかく》ニ帰命《きみょう》セヨ

(悟りの光は際限がなく、光に触れるものは皆、有と無を峻別《しゅんべつ》すると述べておられる。実相に帰入《きにゅう》・帰一《きいつ》せよ)

なぜ解脱できるか。苦悩からの解放と脱出は、有(肉体)無(霊、実在の生命)をしっかりと覚る(平等覚)ことができるからである。

京都に大覚寺《だいかくじ》というお寺がある。大覚とは仏のことをいい、覚者とは覚めた人すなわち仏である。夢から覚める。彼女の手を握った夢を見た、目が覚めたら右手が左手を握っていた。覚めてみれば床《とこ》の中であった。肉体はある、物質はあると思っていたら、実はこの世界は仮《かり》の世界、影の世界だと覚めてわかる。平等覚とは、仏と等しい覚りである。親鸞は、

罪業《ざいごう》因《もと》より形なし

妄想顛倒《もうぞうてんどう》のなせるなり
心性《しんせい》もとより浄けれど
この世にまことの人ぞなき

といい、罪とか業《ごう》とかはもとより無いのである。妄想顛倒、つまり、あるものを無いと想い、無いものを有ると想っている。自分の尊い本体を知らないのだ。心性はもともと浄いのだ、と説いておられる。さらに『正信偈《しょうしんげ》』にはこうある。

惑染凡夫信心発　証知生死即涅槃

虚《きょ》に惑い、悪に染まった凡夫《ぼんぷ》でも、信心が発《ほっ》すれば——信心を発するのでなく、信心が発するのです。すなわち中にあるものが爆発する、もともとあるから発するので、おこすのではない——生死《しょうじ》(肉体、この人生)がそのまま涅槃《ねはん》(実相《じっそう》極楽世界)となるのである、とお説きになっておられる。

大信心は仏性《ぶっしょう》なり
仏性即ち如来《にょらい》なり
信心よろこぶその人を

如来と等しと説きたもう
「火のないところに煙は立たぬ」という。火があるから煙が出る。人間は仏だから信心という煙が出る。信心をもって生きることは如来さまと同じであり、人間は如来なのだということをおっしゃっている。

谷口雅春先生のご悲願と愛

私は、『古事記』に説かれた高天原《たかあまはら》は今も実在し、八百万《やおよろず》の神々は今もなお高天原にあって活動し、日本を守っておられると固く信じている。谷口雅春先生は、神の智慧《ちえ》によって『古事記』を解釈された。日本国の実相は高天原即ち実相《じっそう》の神の世界であることを説かれた。

天照大御神《あまてらすおおみかみ》はご自分の孫である邇邇藝命《ににぎのみこと》を地上に降ろされたとき、実在世界である高天原の秩序である中心帰一、真理普遍の永久平和、光明遍照《こうみょうへんじょう》する調和の世界、荘厳なる金波羅華実相《こんぱらげじっそう》の完全円満な相《すがた》、それらの実相世界の諸徳をこの地上にも、この現実世界にも隈《くま》なく反映する国を築くことを願われたのである。それが日本国の恒久平和の理念として今日まで生き続けているのである。

だから、高天原即ち実相世界は今なお厳然として存在し、その投影である現実の日本国家の中にも厳然として存在しているのである。谷口雅春先生はこのことを深く体得されたからこそ、九州長崎に総本山を建立し、住吉本宮を創建されたのである。

谷口雅春先生の著書『菩薩《ぼさち》は何を為すべきか』に次のような言葉がある。

「日本民族は存在の窮極《きゅうきょく》を、一切のものの生成《せいせい》の根源たる普遍的絶対者を、天之御中主神《あめのみなかぬしのかみ》として把握し、その『中《みなか》』への帰一とその『中《みなか》』の展開、即ち宇宙普遍の原理の地上的顕現を日本国家形成の理念とし、天津日嗣《あまつひつぎ》とはこの理念のさながらなる継承以外にはなく、天皇の権威は権力をもって思うがままにこの国を支配する権利にあるのではなく、この理念の継承実現にまします事、従って天皇を中心と仰《あお》ぐ日本国家の発展は、天皇の人民支配の手段としての国家の発展と云《い》うが如き専制的な性格のものでは微塵《みじん》もなく、宇宙真理、即ち神意の地上顕現の至純至高の形体としての日本国家の発展である事これが日本神話の理念であり日本民族の理想であり日本建国の精神である。この真理現《げん》成《じょう》の大まつりごとに、神の子として命《みこと》として自己の責任としてまつろい奉《たてまつ》る事が実相の成就である事を明らかにすべきである。単に自分の祖国たるのみの理由にて日本を愛するのではなく、東洋と西洋との中間に位《くらい》して一切を生かす大乗《だいじょう》の真理国家たる事が日本の理念であるからこそこの国の国体を讃《さん》仰《ぎょう》してやまず、この国の神の子国民として生《せい》を享《う》けしめられた所以《ゆえん》の深さに感泣《かんきゅう》し、わが一身もわが家庭もわが生活もすべてこの理念現成に捧げられてはじめて存在の意義を持ち得《う》るものなることを、各自互《たがい》に明確に自覚し合い、その行動の根拠となし合うべきである」

大霊界は波長の世界である。ほんの僅《わず》かのサイクルが違っても、あなたは亡き父母と会えない。もし谷口雅春先生のこの真理を冒瀆《ぼうとく》し、地上から消し去ろうとする者に同調する者あれば、その者の行く霊界は知れている。

保育園に通う幼児は母の苦しみや母の悲願を知り得ない。しかし中学生や高校生は理解できる。谷口雅春先生の悲願を理解せずにいる者は、この幼児と同等である。

国立劇場で「お座敷小唄」を演じてはならない。生長の家の総本山の主祭神は住吉大神である。住吉大神のお働きでイザナギノ命《みこと》は天照大御神《あまてらすおおみかみ》をお生みになった。生長の家の神は、天照大御神の御出御によって全地上がその御光《みひかり》に包まれるための、清めの働きをなさる神である。天照大御神の御出御によって全地上は永久平和、万物調和の世界を実現するのである。その実現のために、住吉の大神はその先触れのお役目として、邪《じゃ》を正し、迷いを去らしめるための、浄化の神なのである。それが即ち、谷口雅春先生の地上降誕の使命であり、生長の家出現の使命なのである。

だから、何人といえども、決して主祭神の変更は許されないのである。

あなたは永遠《えいえん》に生《い》きる

——天国《てんごく》浄土《じょうど》に生《う》まれる方法《ほうほう》——

初版発行—— 平成26年11月25日

著　　者—— 森田邦三《もりたくにぞう》

発行者—— 白水春人

発行所—— 株式会社光明思想社

〒103-004

東京都中央区東日本橋2-27-9　初音森ビル10F

Tel 03-5829-6581　Fax 03-5829-6582

郵便振替 00120-6-503028

組　　版—— ショービ

印刷・製本—— 株式会社シナノ

ISBN978-90441-32-3

落丁本・乱丁本はお取り換え致します。

定価はカバーに表示してあります。

光明思想社の本

谷口雅春著

新編　生命の實相　全65巻

各巻一六四六円

現在も日本の宗教界に燦然と輝く累計二〇〇〇万部の永遠のベストセラー！　その完全リニューアル版が全65巻となって刊行中！　読めばあなたは必ず救われる！

谷口雅春著

聖経　甘露一切を霑《うるお》す

定価三六〇〇円

「甘露の法雨」「天使の言葉」「続々甘露の法雨」「日々読誦三十章経」「聖使命菩薩讃偈」「顕浄土成仏経」「大日本神国観」のすべての聖経を一巻に収録

谷口雅春著

古事記と日本国の世界的使命

定価一八五一円

幻の名著「古事記講義」が甦る！　今日まで封印されてきた黒布表紙版『生命の實相』第十六巻神道篇「日本国の世界的使命」第一章「古事記講義」が完全復活！

谷口雅春著

人生の鍵シリーズ全四巻

各巻一六四六円

〝繁栄の法則〟や〝心の法則〟など人生必勝のための心の持ち方を詳述したシリーズ。『人生調和の鍵』『無限供給の鍵』『生活改善の鍵』『希望実現の鍵』

谷口貴康著

一寸先に光は待っていた

定価一五四三円

自らの若き日の挫折と苦しみを赤裸々に描く感動作！　著者に宛てた祖父・谷口雅春先生の感動的な手紙「貴康君を愛する詩」全文掲載。坂東三津五郎氏推薦！

黄文雄著

日本を取り戻す

アベノミクスと反日の中国・韓国

定価一二九六円

安倍晋三首相と密接に語り合う著者が、反日国家・中国と韓国のいわれなき圧力を撥ねのけ、日本が新たな〝坂の上の雲〟を目指すべき時の到来を告げる！

定価（八％税込）は平成二十六年十一月一日現在のものです。品切れの際はご容赦ください。

小社ホームページ　http://www.komyoushisousha.co.jp/